乡村振兴典型案例

# 全国农业社会化服务典型案例
# （2023年）

农业农村部农村合作经济指导司　编

中国农业出版社

北　京

# 前言

　　近年来，各地深入贯彻落实党中央、国务院关于发展农业社会化服务的决策部署，持续加大引导、推动、扶持、服务、规范力度，促进农业社会化服务探索创新、加快发展，为保障粮食和重要农产品稳定安全供给、促进小农户和现代农业发展有机衔接、推动农业现代化发展提供了有力支撑。为进一步发挥典型示范引领作用，2023年，我们在组织各地推荐的基础上，遴选确定了新一批38个全国农业社会化服务典型案例。

　　这些典型案例紧紧围绕党中央、国务院决策部署，围绕稳粮扩油、单产提升、稳产保供等中心工作，聚焦当前农业社会化服务发展的重点领域和关键环节，探索形成的做法经验和模式机制，特点鲜明、类型多样、富有创新、成效明显，具有很好的代表性和示范价值，值得各地学习借鉴和推广。典型案例单位既聚焦稳粮扩油和单产提升等重点任务，积极推广技术优化集成方案和绿色高产高效服务模式，又积极推动社会化服务向经济作物、畜禽养殖等领域拓展；既围绕农业产前、产中、产后各环节全过程，探索建设区域性农业社会化综合服务中心，集成开展专业化、系列化服务，又大力推进服务标准、服务质量、服务价格、服务主体信用等

1

行业管理制度建设，不断强化行业自律管理规范。

现将38个全国农业社会化服务典型材料结集出版，供各地学习借鉴和推广应用。

农业农村部农村合作经济指导司

2023年12月

前言

# 第一部分

## 助力稳粮扩油和单产提升

天津市雍阳民生农资有限公司

# 创新"农资经营＋生产托管"服务模式
# 发挥为农服务新优势

　　天津市雍阳民生农资有限公司成立于 2008 年，是天津市武清区供销合作社联合社所属企业。公司主要经营化肥、种子、农膜、农药等农资产品，拥有仓储面积 5 000 平方米，是中华全国供销合作总社农资保供重点企业和天津市化肥储备定点企业。近年来，公司积极拓展农业社会化服务领域，依托化肥、农药、农膜销售，提供包括农技服务、统防统治、测土配方施肥等在内的生产托管服务，初步形成了以公司为龙头的农业经营服务体系和农业社会化服务管理运营平台。在武清区，公司现有惠农服务中心 4 个、惠农服务网点 120 个，为梅厂镇 12 个村 8 031 个小农户的 4 万亩*冬小麦和夏玉米提供多环节托管服务，实现每亩增产 10% 以上、增收 90 元，村集体增收 2 万～6 万元。公司通过精细的服务带动了农资销售，增加化肥销量 1 060 吨、种子销量 26 万公斤、农药销量 48 吨，预计 4 万亩托管服务项目可获得综合效益近 260 万元。公司严格按照"耕好地、育好苗、治好虫、收好粮、卖好价"的"五好"标准开展耕、种、防、收各环节服务，确保服务到位、管理到位、节约到位，有力促进了小农户种粮节本增产和提质增收。

## 一、不误农时耕好地

　　土壤深耕深松能提升土壤蓄水、保肥和供肥能力。公司在开播前统一采

---

　　* 亩为非法定计量单位，1 亩 ≈ 667 平方米。——编者注

用"一耕两旋"的方式进行深耕深松、慢耕细作，防止土壤板结，并能有效打碎前茬玉米根茎，提高土壤肥力，提升农作物抗倒伏能力，起到保墒、耐旱的作用。作业过程中，农机手根据农户需求，做好土地平整工作，做到旱能灌、涝能排，推动"粮田"变"良田"，提高亩均效益。武清区梅厂镇南任庄村在接受生产托管服务过程中，由公司集中对土地进行科学深松和激光平整，在提高地力的同时减少了田间沟渠和田埂占地，增加可耕地面积3%，增加村集体收入40余万元。

## 二、精细播种育好苗

播种前，公司与农户协商进行"三选"，即选化肥、选种子、选时间。公司依托化肥经营优势，积极向农户宣传推广绿色种植技术，耐心细致讲解科学选肥、选种知识，并结合天气变化因素提出播种时间建议。公司按照农户需求优化各村、各户播种时间，做好沟通协调工作，开展连片作业。为确保育苗率，播种时农机手和技术人员要与农户、村集体沟通，做好"三定"，即定行距、定种子（数量）、定化肥（用量）。农机手凭着多年种植经验，认真调整机器，确保播撒均匀、播量到位。操作过程中，播种机保持匀速行驶，确保出苗率高、出苗均匀。公司在武清区农业农村委员会的指导下，重点选择纯度好、出芽率高、活力强的抗倒农大372玉米种、秋乐818玉米种，平均亩产可提高5.6%，达到810公斤。同时采用六行精密播种机，增加亩均株数，每亩播种量达到5 500株，较周边耕地增加20%，亩均增产160～190公斤，亩均增收320～380元。

## 三、科学防控治好虫

公司注重培养农户的绿色防控理念，引导农户改进农艺措施、采用绿色防控，使病虫害发生范围明显减小、程度明显降低。公司在梅厂镇东良庄村开展统防统治时，引进推广高效绿色低毒的甲维虫螨腈、虱螨脲、吡唑醚菌酯，科学预判病虫害情况，有效防治了麦叶蜂、蚜虫、吸浆虫和白粉病、黑穗病等病害的发生。为提高科学防治水平，公司还购置无人机，为农户提供喷洒农药服务，重点开展小麦灌浆期等关键时期病虫害防治。为提高防治作业效率，公司组织3个无人机作业小组、8名职工轮流开展统防统治，提供技术先进、装备精良、管理规范、集中连片的作业服务，防治效率高、效果好，有效消除了吸浆虫等病虫害对小麦生产的影响。与传统防治手段相比，一架无人机每天作业面积可达500亩，效率为人工施药的100倍。集中时间施药，可有效防止病虫害复发，亩均农药用量降低30%。

## 四、颗粒归仓收好粮

收获时节，公司全体员工提前维修保养机械设备，做好收获前的准备工作。公司成立了应急服务队，制定了应急预案，及时关注天气情况，指挥调度收割机16台、转运车20余辆，周密组织好每个环节。2023年，仅用5天时间就完成了服务范围内全部小麦的收割作业，累计收获小麦550万公斤，实现了颗粒归仓、丰产丰收。

## 五、助农增收卖好价

公司主动对接粮食收购部门、收粮大户，帮助农户了解粮食质量等级状况，通过协调天津津武粮食储备有限公司及收粮大户，帮助农民多渠道卖粮。2023年，接受公司服务的12个村共销售冬小麦480万公斤，价格同比增长6%。梅厂镇东陈庄村通过生产托管实现亩产增加20公斤，亩均增加纯收入60元，亩均节约成本30元，村集体共增收6.7万元。村民靳某56岁，家有耕地3.5亩，孩子们均外出工作，他与妻子在家种地，每到农忙期间都发愁地没人管。老两口参加生产托管后，不仅省心省力，还防止了土地撂荒。生产托管促进了农民增收，有力保障了粮食安全。

### 河北省磁县天道益农农机专业合作社
# 创新托管服务　助力粮食增产

河北省磁县天道益农农机专业合作社成立于2016年，总资产1 108万元，建有1 140平方米的机库及维修棚、8 000吨仓容的粮食周转库，拥有农机具406台（套）。近年来，合作社积极发展粮食生产托管服务，2022年托管服务面积10万余亩。在服务过程中，合作社集成应用新配方、新技术、新机械，实现化肥减量15%以上，亩均节约成本200元。

## 一、升级设施装备，提升服务能力

合作社从农业生产薄弱环节、农民急需服务环节入手，通过建设服务设施、购置服务装备、完善服务手段，不断提升服务能力，解决农户在小麦和玉米播种、病虫害防治、晾晒方面的难题。2017年以来，合作社先后购置了自走式无人机、植保无人机和智能精准数控播种机等农机装备，提升了机械作业能力。随着服务能力的提升和服务规模的扩大，合作社适时组建了粮食回收代储中心，建设了200吨级粮食烘干塔、8 000吨粮食周转库，解决了农户日常储粮难、储藏不科学等问题，为减少晒粮储粮损失、提高粮食质量、增加农民卖粮收入奠定了坚实基础。

## 二、定制服务"套餐"，扩大服务规模

针对农户不同的服务需求，合作社从作物品种入手，根据土质、肥力、水源等地力条件，为农户量身定制了"套餐包"服务，优化选配适合当地不

同土壤和播期的5个品种、40余种配套农资产品，年配套供应化肥5 000吨、农药300吨。在服务过程中，合作社主要采取两种服务模式。一是为推广"田保姆"托管服务模式，合作社为农户垫付农资费用，待粮食出售后进行抵扣。对使用种肥药"套餐包"的农户，合作社在对其免费提供植保作业的同时，还免费为其代存粮三个月。二是为农户提供种植过程中某一环节的服务。如合作社为磁县磁州镇南来村赵某500余亩土地提供植保打药服务，解决其打药无机械的难题。

## 三、整合产业资源，提高综合效益

在整合农机资源方面，合作社充分吸收周边农机专业户、种田大户和农机手为合作社成员，对带资金入社与带农机入社的成员实行分类管理，建立分工和利益联结机制，将合作社成员紧密联系起来，形成利益共同体，实行年终结算、按股分红。通过信息化手段加强农机调度，提高农机利用率，提高了托管服务效率。在联系上下游企业方面，合作社先后与今麦郎集团、河北光牌面业有限公司和饲料厂签订原料供货订单，与中国种子集团、山东登海种业股份有限公司、河北众人信农业科技股份有限公司签订小麦繁种合同，收购价高于市场价3%～10%，提高了合作社和农户的收益。

## 四、产研紧密合作，提升粮食单产

合作社与中国农业科学院、河北农业大学、河北农业科学院等单位合作，聘请国家和省级产业技术体系栽培、农机、植保等领域专家，指导推广玉米高密度栽培技术，亩株数由4 000株增加至6 000株，每亩增产150公斤以上，托管服务地块每亩增产25%以上，创造了亩产874.3公斤的夏玉米河北省高产纪录和918公斤的春玉米邯郸市高产纪录。在小麦托管服务中，采取"一拌三喷"（拌种时小麦包衣、小麦返青后喷除草剂、小麦挑旗喷杀虫剂和杀菌剂、小麦灌浆期一喷三防）技术，每亩增产100公斤以上。合作社连续4年开展玉米机收粒研究和品种筛选工作，每年试验20多个高脱水品种，试验品种超过100批次。目前，已选出4个适宜当地种植的品种。在专家指导下，合作社还优化产品配方6个、使用新技术7项，推广应用新型农机具，提升了控释肥、菌肥、微量元素肥料的使用水平，实现化肥减量15%以上。

## 五、实施银社对接，解决资金难题

为帮助农户解决资金短缺制约发展的难题，合作社与中国建设银行磁县支行建立合作。由银行授信合作社500万元信用担保权限，合作社向银行提供有信用、有实力、有规模、有实际需求的农户名单，经银行考察、评估，符合贷款条件的农户可向银行提出申请，由合作社给予信用担保后办理贷款手续。通过银社对接，银行为35户农户发放农业生产专项贷款560多万元，改变了农户过去以房产抵押获得贷款难度大、数额小的局面，解决了农户生产资金短缺的难题。

**河北人人邦农业服务有限公司**

# 以机制创新破解灌溉服务难题
# 探索粮食生产节水增产有效路径

河北人人邦农业服务有限公司成立于2018年，专门从事以节水灌溉服务为核心的规模化粮食生产托管服务。公司以"节水增产、简单高效"为目标，采用一次铺设两季连用的浅埋滴灌管网分布新技术，为小麦、玉米种植提供水肥一体化节水灌溉服务和耕种收生产托管服务，在节水、高效、增产、增收方面效果显著。目前，公司托管服务面积3.1万亩，单环节灌溉服务面积1.5万亩。其中，小麦、玉米托管服务区域全部实施浅埋滴灌"支管地埋＋管网分布＋压差补偿"专利技术。与大水漫灌相比，实施水肥一体化技术后，全年每亩节水40%左右，节省电费50元左右，肥料利用率提高30%左右，降低用工70%，减少灌溉用工费用120元以上，小麦、玉米两季平均每亩增产150～200公斤，增长10%～20%。

## 一、集成优化节水增产方案

公司成立技术保障部，与石家庄市农林科学研究院合作组建技术服务专家智库，研究制定节水增产高效种植模式的技术集成方案，聘请专家进行技术指导，有效保障了先进集成技术的专业性和可靠性。

一是合理改进种植模式。公司在开展托管服务过程中，将小麦种植由等行距改为四密一稀，为配套滴灌设施、灌溉农机作业提供方便，同时为玉米播种提供良好环境，提高播种质量，减轻病虫害危害。为充分发挥水肥一体化技术的作用，公司把小麦种植由春季一次追肥两次浇水改为三次水肥同施，把玉米种植由肥料一次底施一次大水漫灌改为三次水肥同施，保障了小麦、玉米稳产高产。同时，公司推动先进农机、农技、农艺、农资与灌溉技术相配套，发挥技术集成降低成本、提高产出的综合效应。

二是科学施用农资产品。公司坚持试验、示范、应用三步走，根据不同地力基础和机械作业特点，选择不同特性的农资品种，保障生产的安全性，满足不同地力和机械作业需要；在注重培肥地力和科学确定氮、磷、钾配比的同时，设计微量元素投入方案，满足作物更高产需求。经2021年10月至2022年6月、2022年10月至2023年6月两次对5 000亩小麦的实际产量进行对照，发现一次底肥40公斤复合肥加春季追施三次尿素（分别为7.5公斤、5公斤、2.5公斤）的小麦亩均产量，比一次底肥40公斤复合肥加春季追施一次15公斤尿素的小麦亩均产量高出70～85公斤。2022年6月至10月，公司在河北赵县进行水肥实验，设置玉米一次底肥与一次底肥加三次追肥的对照组，全生育期总施肥量一致，结果显示一次底肥加三次追肥地块产量比一次底肥的地块产量高出18.5%，亩增产115公斤。经2020年至2022年多点生产示范，小麦、玉米两季一次底肥加三次追肥地块产量比一次底肥的地块产量高出100～200公斤。

三是有效推广节水灌溉技术。公司以田间管网设计、滴灌选材、简化操作等为切入点，成功研究并推出小麦、玉米浅埋滴灌管网分布新技术——两端对冲滴灌技术，解决了常规浅埋滴灌技术施工和田间作业繁琐、农机作业障碍、灌溉单元小和鸟啄危害等问题，受到专家和广大应用主体的一致认可和欢迎。公司始终以农户生产需求为出发点和落脚点，以水肥一体化技术为科技支撑，实行试验示范、自下而上、以点带面的推广机制，建立了统一管网分布设计、统一材料套餐供给、统一培训农机农艺农技应用、统一指导安装施工等服务机制。在使用过程中，由农户负责日常维护，技术用工少，材料投入每亩不到200元，可节省电费50元左右，减少灌溉用工费用120元以上。

## 二、推行精准高效服务模式

对于小麦、玉米托管服务，公司采取农资厂家直供、农事统一管理、产品统一销售的服务模式，大力推广节水灌溉服务，并提供农机、农艺、农技、农资、灌溉等新技术综合套餐服务，实现新技术系统集成落地。为推进规模化托管服务，公司与村集体合作，发挥村集体居间服务功能，组织小农户统一接受托管服务，形成"保底收益＋二次分红"的利益联结机制。小农户接受托管服务后，还能获得公司提供的务工机会，增加工资收入。辛集市马庄乡西谢村接受托管服务面积1 500亩，涉及400多户，提供劳务的村民每年可获得4 000～5 000元的务工收入。

## 三、创新生产托管经营方式

公司与上游科研单位、农资企业、农机企业、节水企业签订五方合作协议，与下游形成"公司＋专业化服务组织＋村生产托管负责人＋村集体＋农户"五方合作机制，明确各自的职责和分工，组成紧密联合经营体。生产托管以本土化为主，每300亩左右为一个经营管理小组，劳动收益直接与土地的产出挂钩，以联产管理考核机制保障生产经营高效运行。为了改变小麦、玉米播种晚和整地播种质量差的突出现象，公司对播种时间和整地播种质量进行考核，以阶梯式激励保障整地、播种和收获质量。

## 四、健全利益联结共享机制

公司不断健全完善利益共享机制，形成了粮食生产利益共同体。托管服务的分配模式是：两季总收益减去生产投入后的收益，70%归农户，15%归田间管理人，5%归村集体，剩余10%归公司和县级子公司。如西谢村2022年小麦亩产615公斤、价格3.10元/公斤，玉米鲜穗亩产1 422.5公斤、价格1.32元/公斤，耕作投入1 245元（小麦、玉米两季），农户获得1 776.6元/亩，田间管理人员获得380元/亩，村集体获得126.9元/亩。采取这种模式后，农户每年的收益远远高于土地流转租金，农户对托管服务的态度从开始的不理解、不认可迅速转变为积极主动和踊跃参与。田间管理人员平均每人管理300亩地，每年收入达8万～9万元，村集体每年收益达15万元以上。

■ 山西省新绛县珍粮粮食种植专业合作社
## 集聚要素创新方式
## 健全机制做强服务

服务主体组织农户观摩托管小麦播种环节

新绛县珍粮粮食种植专业合作社位于山西省运城市新绛县三泉镇白村。近年来，合作社以农业生产托管为切入点，集聚土地、农资、农机、农技等资源要素，开展品种选育、农技推广、加工销售等全链条服务，获得了农户的普遍好评。

### 一、组建联合社，整合服务资源要素

合作社在县农业生产托管服务中心的指导下，联合种植、农机等12家

合作社成立了农业服务联合社，整合全县农业机械 500 余台，包括整地、播种、植保、收获等配套农机具。为全部作业农机安装卫星导航系统，实现对农机的统一管理、统一调配和作业数据监测。同时，合作社依托县农业生产托管服务中心，在 6 个粮食主产区分别设立服务分社，提供"耕、种、防、收、储、加、销"的生产服务。2021 年 10 月，为应对特大洪灾和极端天气，合作社组织全县 300 多名农机手、调度 524 台机械、配备 13 台履带式联合收割机、改装 15 辆联合收割机，全力抢收抢种作物 24.5 万亩，有力保障了农业生产。

## 二、"一站式"服务，提升综合服务能力

农业服务联合社发挥辐射带动能力强的优势，针对农户干不了、干不好、干起来不划算的生产环节，重点完善产前和产后服务，形成服务闭环。先后建设农资储存库 3 000 平方米，推广应用小麦品种 8 个、玉米品种 6 个，具备同时托管服务 3 万亩以上土地的农资供应能力。完善粮食产后服务体系，建设占地 20 余亩的粮食产后服务中心，配套粮食烘干设备 1 座、钢板贮藏仓 6 座、仓库 1 500 平方米（储粮能力 6 000 余吨）、晾晒场 5 000 平方米。与粮食储备库、牧原饲料、大象饲料等企业建立产销合作，以每公斤高于市场价 8 分钱的价格回收服务对象生产的粮食，解决了农户的后顾之忧。每年还为农户晾晒、储存粮食 3 000 余吨，年销售粮食 3 万余吨。

## 三、强化"研推用"，提升制种服务水平

合作社依托自身人才、经营和技术等优势，以农业生产托管为抓手，大力开展种子繁育服务。先后与山西农业大学、山西作物学会、运城学院等机构建立产学研长期合作关系，成立中国科协创新驱动助理工程学会服务站、山西省功能农业院士专家工作站和运城学院博士工作站。合作社还被确定为黄土高原特色作物优质高效生产协同创新中心的协同单位、黄汾流域有机旱作农业示范园合作共建单位。在此基础上，合作社建设了粮食作物示范园，

从事玉米和小麦新品种、新技术的试验与示范，小麦种子的生产与推广，玉米种子的试验、筛选与推广工作，目前已建成2 000亩的小麦原种繁育基地和1万亩的良种繁育基地。

## 四、发挥村集体作用，助力生产托管扩面

合作社积极探索"合作社＋村集体＋农户"的服务模式，促进村集体发挥居间作用，由村集体协调解决服务地块零碎分散等问题，合作社则实行统一供应原种、统一种植管理、统一田间去杂、统一专机收获、统一加工包装的"五统一"服务。2022年，合作社与白村、双陀村、南社村、王村等10个村集体经济组织合作，村集体一手对接农户，一手对接合作社，共同完成托管示范项目3万余亩，实现了合作社、村集体、农户三方共赢。

## 五、取得的成效

一是推动了服务规模经营。通过"合作社＋村集体＋农户"的服务模式，既发挥了村集体的组织协调作用，增加了村集体收入，又保留了农户土地承包权，解决了"谁来种"和"怎么种"的难题。通过示范带动，稳定了农业种植面积，增加了农户收入，使农户托管意愿显著增强，托管农户数量逐年增加，实现了多方获益。

二是促进了新品种新技术推广。合作社每年召开观摩会，展示粮食作物新品种和新技术，并邀请农户参观学习，实现统一品种、统一种植、统一管理，保证种子的品质。截至2023年，合作社已累计引进并推广小麦新品种10余种、玉米新品种15余种、新技术10余项，每年组织农户观摩3 000余人次。

三是实现了农业节本增收。合作社通过"耕、种、防、收"作业服务，实现了规模化生产、集约化经营，节约了生产成本，减少了作业损失，提高了粮食产量。通过生产托管服务，实现每亩节省农资及农机作业费50元，粮食亩均增产25公斤。合作社统一收购，每公斤价格高于商品粮0.2元，每亩良种繁育基地可实现增收195元。

### 黑龙江省萝北县人民政府

# "现代农机＋智能装备＋数据管理"助力农业社会化服务提质增效

萝北县位于小兴安岭与三江平原交汇处，以黑龙江为界，与俄罗斯阿穆尔捷特犹太自治州相望，是一个在位置、空间、资源各方面特色突出、优势明显的边境县。全县共有耕地面积120.6万亩，农业人口4.8万人，盛产大豆、水稻、玉米三大作物。近年来，萝北县加快发展农业社会化服务，通过"现代农机＋智能装备＋数据管理"，整体提高了农机作业服务效率和质量，有力促进了小农户和现代农业发展有机衔接。

## 一、把握两个关键，强化组织引导

一是加强组织领导。萝北县成立了以主管副县长为组长的农业社会化服务工作领导小组，由小组负责统筹推进农业生产托管等工作。同时，整合农机、农技服务中心专家力量，建立专家帮包联系机制，及时传达和解读农业社会化服务有关政策，主动帮助服务主体解决农业生产技术难题。二是强化示范带动。萝北县举办了秸秆还田、平浆、灭茬、整地现场会，让农户直观感受新技术，充分调动广大群众的参与热情。开展示范创建，择优打造2个示范乡镇、6个试点村和3个标杆服务组织，引领推动农业社会化服务扩大规模、提档升级。

## 二、紧盯三个重点，提升服务水平

一是全面安装智能设备。萝北县综合利用 GIS、北斗、物联网等先进信息技术，为全县农机统一安装北斗双模定位监控设备，对农机作业服务进行全范围、全覆盖、全过程监管。二是打破数据传输瓶颈。充分考虑部分托管地块偏远、无网络信号的实际情况，开发数据存储断点续传功能，待机械作业到有网络信号的地方，可自动实现数据续传，最大限度地保障了数据的完整性、准确性。三是提高数据利用实效。萝北县通过对农机作业位置、运行状态、作业面积、作业深度等数据的实时传输，不仅实现了对作业现场的远程监测，极大节约了人工成本，还提高了农机作业质量，使托管地块得到精细化管理，也为地方政府准确落实补贴面积提供了数据支撑，切实提高了"农机智联"水平，提升了精准施策能力。

## 三、聚焦三个降本，增强服务实效

一是连片作业降低农机成本。根据服务主体的农机具保有量和经营能力，科学合理划分服务片区，实现作业季节农机统一组织、合理配置、网格管理，既有效提高了农机利用率和作业效率，又保障了服务主体的经营效益。据测算，通过集中连片开展农机作业服务，成本可降低10%～15%。二是减量增效降低生态成本。借助连片耕种、集中管理的农机作业服务优势，黑土地保护与恢复、测土配方施肥、旱作节水农业技术推广、统防统治、绿色综合防控技术使用等项目得到了有效实施，每亩地约减少15%的农药和化肥使用量，不仅节约了生产成本，而且更有利于作物生长、地力培肥，为实现农业生产与生态环境的协调发展提供了有力支撑。三是精准对接降低信贷成本。积极引导服务主体与银行、保险、邮政等机构，以资金、技术、服务为纽带开展联合合作。2022年，全县服务主体累计贷款1 178万元，投保农业保险41.85万亩，有效减小了服务主体的资金压力，降低了经营风险。

## 四、夯实三个基础，构建保障体系

一是培育服务组织。持续加大对服务主体的支持力度，引导服务主体与农户构建起风险共担、互利共赢的利益联结机制。二是加强技术培训。围绕设备安装、系统应用、维修维护等关键环节，对服务主体负责人、操作员等，分期分批开展专业技术培训，全面提高其农机智能设备操作水平。三是强化项目监管。通过农机智能监控，严格核实服务补贴面积，确保补助资金规范发放、高效落实。

## 五、取得的成效

一是引导小农户加快步入现代农业发展轨道。萝北县通过服务主体的专业化服务，将先进适用的作物品种、生产技术、农机装备等要素导入农业生产过程，切实解决小农户经营方式粗放、生产效率低下、市场话语权缺失等问题，降低了生产成本，提高了经营效益。二是促进了农业提质增效。服务主体在做好产中服务的基础上，发展秸秆综合利用、粮食深加工等上下游服务业务，不仅使秸秆变废为宝，解决了秸秆禁烧问题，又从卖粮食变为卖产品，将农业的产前、产中、产后各环节联结成紧密的产业链条，促进了农业提质增效。

## 江苏省常熟市虞美润农业专业合作社
# 专心做好"田保姆"
# 助农丰产又增收

服务主体助力"三夏"生产

　　江苏省常熟市虞美润农业专业合作社成立于2019年，主要从事稻麦种植、烘干、加工、销售等业务，建有低温保鲜粮库、农机库、稻麦烘干中心和大米加工中心，有插秧机、植保机、联合收割机、育秧流水线、产地烘干设备、大米加工机等农机具100多台（套），涵盖稻麦耕、种、管、收、贮、加、销等各个环节。近年来，合作社依托专业化队伍、标准化作业、智能化装备，创新"田保姆"农业社会化服务模式，实现了助农"慧"种田、带农促增收。

## 一、以队伍专业化，打造技能型"田保姆"

合作社通过打造一支技能过硬的"田保姆"专业服务队，为周边农户等经营主体提供高质量服务。**一是加强农机人员培训**。合作社积极参与各类农机技术培训，主动对接农机生产厂商、农机技术推广部门、农机安全监管部门，通过"走出去、请进来、勤参与"，不断提升农机手的专业理论素养和实务操作技能，合作社8名农机手全部为高级农机修理工。**二是探索有效运行模式**。合作社建有两支农机服务队：一支由本社成员组成，是"田保姆"托管服务的常年运维人员；一支由短期雇用的农机手和维修保障人员组成，在农忙时作为机动小分队，确保农忙季"忙而不乱"。**三是强化考核激发内生动力**。合作社制定了考核管理办法，从细节入手加强管理，按照作业"量"和"质"进行分类打分，并据此给予相应奖惩。同时，为操作人员和农机装备购买商业保险，降低安全事故造成的风险。

## 二、以作业标准化，打造精细型"田保姆"

合作社紧紧围绕稻麦生产各个环节，制定了"菜单式"服务套餐，以满足种植主体的不同服务需求。农户按照"托管自愿、有偿服务"的原则，根据生产需求，与合作社签订服务合同，选择单环节或多环节托管服务。在服务过程中，合作社做到了"四个统一"，即统一机械整地、统一机械播种、统一机械防治、统一机械收割；做到了技术集成配套，将良机、良种、良法、良技等组合应用到托管服务中。同时，合作社将每一项农事操作记录在案，确保生产作业高标准，让农户明明白白消费、安安心心托管、清清楚楚收益。

## 三、以装备智能化，打造智慧型"田保姆"

合作社大力发展智慧农业，依托智能化装备和信息化平台，打通耕、种、管、收等信息数据流，逐步建立起以数据为核心的智能化生产决策系统。在"耕、种、收"环节，通过北斗定位导航系统开展无人耕地和栽插作业，并对农机进行实时查看、及时调度。在"管"环节，育秧工厂实现全自动施肥、播种、覆土、浇水，在大田可随时开展田块面积测量、农田肥力遥感测试，实现无人机喷药、施肥。在"储、加、销"环节，依托智能监控系统，实现粮食烘干、仓库存储、线上销售等数字化、可视化及时监控和运行管理。合作社的智慧型"田保姆"在为各类生产主体提供优质高效服务的同时，也大量集聚农业生产资料、农业技术和市场等信息，并以此打造服务平台，开发农业服务App，完善"种植业服务直通车"，进一步提高服务效率。

合作社依托专业化队伍、标准化作业、智能化装备，为周边农户等生产主体提供"保姆式"农业社会化服务，获得了广大农户和生产主体的认可。一是坚持合作共赢，促进多方增收。通过"田保姆"农机服务模式，2022年合作社累计服务面积超8万亩次，服务收入超500万元。同时，每年带动种植户增加收入100多万元，常年在合作社种植基地打工的周边村组农民有100多人，合作社累计帮助农民增加收入600多万元。二是优化组织形式，谋求共同发展。合作社不断探索创新，持续优化"田保姆"服务模式和组织形式，谋求与周边农户共同发展。合作社与种植大户、家庭农场等签订"保姆式""菜单式"等多种托管服务协议，实现优势互补、共同发展。

**江苏苏合农业社会化服务有限公司**

# 创新"两端"联动"中间"服务模式 助力粮食安全高效生产

江苏苏合农业社会化服务有限公司（以下简称"苏合农服"）由江苏省供销合作总社旗下的江苏省苏合投资运营集团有限公司于2020年4月筹建成立。苏合农服按照"上下贯通、联合合作"的发展理念，明确了"两端"联动"中间"的农业社会化服务模式，即前端为农资供应，后端为粮食收售，中间为农机、农技等关联服务，有效解决了农户农资采购贵、粮食销售难、经营收益低等突出问题。成立以来，苏合农服累计提供农机作业服务超150万亩次，订单农业超30万亩，开展"线上+线下"农技培训7.2万人次，服务带动小农户超1.2万户。

## 一、聚焦粮食稳产高产，提升服务能力

一是前端强化农资保供稳价，解决农户用肥难、用肥贵问题。苏合农服组建了面向全省的农资供应网络，还通过控股或参股方式投资多家供销类主体，强化网点建设，不断提升为农户提供优质优价农资产品的能力，目前服务区域已覆盖60个县（市、区）。2022年，苏合农服化肥销售总量30.9万吨，农药销售额1.57亿元，通过导入"农资+技术+服务"模式，当年实现农资销售收入12.4亿元。

二是中间强化"耕、种、防、收"生产性服务，提升农户种管水平。苏合农服组织专业农机合作社47个，为农户提供机耕机收、统防统治、统配统

施等田间机械化服务，通过规模化服务，农机作业降本近30%。同时，统一的田间管理有助于开展药肥减量、病虫害防治等工作，有效解决了田间作业环节带来的品质指标不一致等问题。2022年，苏合农服在宿迁试点的示范田块取得了明显效果，小麦平均亩产比上年增长5%，各项品质指标均有提升，亩均收益增加近80元。

三是后端强化收储烘干售卖服务，提升农户粮食议价能力。苏合农服通过锁定下游用粮企业订单的形式，组织上游农户开展集约化生产，采取租库合作的方式将农户的粮食分品类集中存储，让粮食从一家一户售卖到集中销售，有效提升了农户的市场议价能力。成立以来，苏合农服实现粮食售卖相关服务超80万吨，帮助农户以高于市场约0.2元/公斤的价格销售粮食，让农户获得了实实在在的卖粮便利和溢价实惠。2022年，苏合农服实现粮食营业收入16.2亿元。

## 二、聚焦服务模式创新，提升示范带动能力

一是创建服务示范基地。为进一步探索创新服务模式，苏合农服发挥全国农业社会化服务创新试点的示范作用，2023年在宿迁市和淮安市创建了4个全程服务示范基地，采取"企业＋订单＋合作社＋农户"的方式，通过签订订单合同、制定种植规程、明确管理办法，提出了以1500亩为基本单元的全程机械化服务方案。示范基地回收的粮食各项指标均一致，降低了下游加工环节的成本，提高了粮食的质量效益和市场竞争力。

二是开展标准化服务示范。示范基地通过订单连接农户、粮食需求企业和服务主体，实行统一供种、统一药肥、统一管理、统一收割、统一入库的"五统一"作业标准；通过"保底收益＋利润分成"的方式，规范收益分配；根据区域品种特点，推出"减量播种试点方案""药肥减量实施方案"等措施，切实发挥了服务示范带动作用。2023年，淮安市洪泽区的示范田小麦播种量比普通农户降低约40%、产量提升12%，通过示范引领农户科学种植，促进了农业绿色生产。

三是深化联合合作。为拓展农资经营，苏合农服通过股权合作成立了江苏新禾供销有限公司；为拓展订单农业，成立了宿迁苏合农服有限公司；为拓展下游市场，与国内多家大型用粮企业建立了良好的合作关系，服务网络不断完善。苏合农服还牵头成立了江苏省新型农业服务主体联盟，2022年以来，联合江苏省农业科学院、南京农业大学、扬州大学、江苏（布谷鸟）种植产业发展联盟等单位，累计举办培训会30余次、现场观摩会17次，农户受众达2.8万人次。

## 三、聚焦绿色持续发展，提升共建共赢能力

一是助力农户绿色生产，保障粮食优质安全。2022年，苏合农服在全省推进统防统治服务工作，自购无人植保机40余台，组织飞手80余人，以2人为一个服务组，开展了"1元VIP""春风行动""冲锋5月"等专项服务活动，深受农户喜爱。苏合农服还对服务人员开展定期培训，强化其服务技能。根据农户生产需求开展田间诊断，并采用科学的药肥配方、准确的参数设置，为农户提供无人机播种、打药、追肥等多项托管服务，药肥使用总量降低15%。

二是助力农户丰产增收，保障农户种粮收益。2022年，苏合农服及子公司宿迁苏合农服公司参与宿迁市酿酒原粮产业示范建设，以洋河集团的酒用小麦和高粱订单为抓手，在宿迁市泗洪县、宿豫区、洋河新区等地创建8 300亩的全程服务示范基地，单收单储专供洋河集团。当季小麦服务后，农户亩均收益相比普通农户增加80元，高粱亩均收益比传统种植玉米增加400元。

三是助力多方合作共赢，保障粮食安全生产。苏合农服以市场化为前提，通过与农户、村组、企业、合作社的联合合作，将"前端"降本、"中间"增效和"后端"增收很好地融入服务链条中。在公司自身发展壮大的同时，培育了一批农服专业人才，满足了用粮企业需求，提高了农户和村集体收益，促进了当地粮食安全高效生产。

## 江西省吉安市青原区人民政府
# 创新托管服务模式
# 促进农业生产提质增效

吉安市青原区地处江西省中部，境内多为平原、丘陵，农业生产条件优越，为传统农业产区。2021年，青原区入选全国农业社会化服务创新试点单位。在推进试点过程中，青原区多措并举，壮大服务主体，创新服务模式，拓宽服务领域，全面提升社会化服务水平，着力破解农业生产难题。2022年，全区社会化服务面积39万亩，服务范围基本覆盖农业生产各环节。青原区推进农业社会化服务创新试点工作被评为吉安市2022年"十大改革好品牌"。

## 一、强化引领，壮大服务主体

一是当好"领路人"。青原区将推进创新试点作为全市"见效果、创品牌"的主攻改革项目，建立健全了由区党政主要领导挂帅、区农业农村部门专班指导、区财政部门严格监管、各乡镇具体实施的工作推进机制。同时，通过电视、报刊、微信公众号等媒介广泛宣传动员，充分调动小农户参与农业社会化服务的积极性。二是当好"培育师"。青原区把培育壮大服务主体作为加快农业社会化服务的重要基础，指导技术成熟、规模较大的服务主体整合服务资源，采取自身投资与政府补贴相结合的方式，完善软硬件设施；推动服务范围从单一环节拓展到多环节服务，从粮食生产服务拓展到果树飞防及油菜耕种、飞防、收购、榨油等服务。目前，青原区共培育各类服务主体34个。三是当好"监督员"。青原区积极推动农业社会化服务规范化、标准化、制度化建设，建立了服务主体名录库，并将其纳入中国农业社会化服务平台系统。指导服务主体制定服务指南和服务流程图，健全服务标准体系，明确服务收费标准，制定农业生产托管服务合同，由农业农村部门强化合同监管，切实维护广大农户和服务主体的合法权益。

## 二、紧盯需求，创新服务模式

一是创新"菜单式"托管模式。针对有耕种能力但无农机具或者农机具较少的农户，由服务主体开出服务"菜单"，农户根据自身需求，将农田翻耕、插秧、打药和粮食收割、烘干等部分环节委托给服务主体实施，并按面积缴纳服务费，农户则负责日常田间管理。二是打造"保姆式"托管模式。新圩镇依托农民合作社建立全程机械化综合农事服务中心，在保持农户生产经营单位、家庭承包经营权不变的基础上，与农户签订生产托管协议，并提供农资供应、水稻"耕、种、防、管、收"和烘干、销售等服务。2022年，该镇农事服务中心与农户签订托管服务面积达3 000余亩，以每亩每季650元的价格收取托管费，早稻保底产量每亩不低于350公斤、晚稻保底产量每亩不低于400公斤，超出部分和农户对半分成，农户实现亩均纯收益超过520元。

## 三、健全机制，优化服务保障

一是"科技＋服务"，让服务更贴心。青原区积极探索推进农业社会化服务监管数字化，与江西绿卫士智能科技有限公司对接，依托中国农业社会化服务平台搭建北斗定位智慧监管平台，引导服务主体在农机装备上统一安装卫星定位装置，并接入区级监管平台，进行统一管理，形成农机作业轨迹、作业面积、作业地点全程可视化的精准服务信息反馈，严把作业数量关和质量关。二是"人才＋服务"，让服务更用心。建立农业科技和农机操作人才培养机制，以"听得懂、学得会、用得上"为原则，坚持理论指导实践，实践丰富理论，提升服务人员的理论素养和实际操作能力。2022年开展了6期专业培训，共培训840余人次。三是"政策＋服务"，让服务更动心。

青原区通过政府购买服务的方式，聚焦农业生产关键薄弱环节和小农户，支持服务主体开展社会化服务；完善农业金融扶持方式，联合区佳信担保公司、农商银行等，针对服务主体面临的融资难题，研发了"百福惠农贷"产品，帮助其解决资金困难。

## 四、一举多得，实现服务增效

一是经济效益好。据测算，2022年青原区粮食托管单季亩均增收节支约175元，其中亩均增收约40公斤95元、节省农资成本约30元、节约人工成本约50元，全区水稻生产一年可增加收益约3 302万元。二是社会效益佳。随着社会化服务的加快推广，农村"谁来种地、如何种地"的难题得到了破解，抛荒撂荒现象逐年减少，不仅农业生产效率得到了提高，粮食生产面积和总产量也有了坚实保障。三是生态效益优。青原区实行统一的耕、种、防、收等生产托管服务，基本实现了水稻标准化种植，化肥农药用量减少5%以上，用水量减少70%，病虫害防治效率和效果全面提高，不仅提升了稻米品质，保证了粮食质量安全，还实现了农业绿色可持续发展。

**江西省南昌县昌道农机服务专业合作社**

# 答好生产托管数学题
# 保障粮食生产稳定高效

服务主体开展早稻机耕服务

南昌县昌道农机服务专业合作社成立于2016年，是一家致力于开展农资供应、耕种防收烘、市场销售等服务的综合性社会化服务组织。近三年来，合作社服务面积9.2万亩，服务小农户4 100多户，年均服务收入达1 150万元以上。

## 一、做加法，多举措探索托管服务模式

一是加强与农资企业合作。合作社先后与湖南隆平种业有限公司等6家种子公司、湖北新洋丰肥业有限公司等5家化肥生产企业、江西众和化工有

限公司等7家农药企业建立稳定的合作代理关系，从源头保障种子、化肥、农药的质量及供应。据统计，合作社年销售种子110吨、化肥2 100吨，另销售农药520万元，销售范围覆盖整个乡镇。**二是提升自身服务能力。**合作社先后建成办公用房、农资库房、农机库棚、烘干厂房，购置履带式旋耕机、大中型拖拉机、植保无人机、联合收割机、低温循环式干燥粮食烘干机等农机装备。目前合作社已具备机耕机收10万亩以上、机防5万亩以上、机烘5万吨以上的作业服务能力。**三是抱团对接市场销售。**合作社和粮油加工企业建立稳定的合作关系，实行订单生产，大力推广湘早籼45、昌两8号、野香优莉丝等优质水稻品种，确保农户稻谷出售价格较市场价提高200元/吨，既满足了粮油加工企业的原料需求，又保障了农户的收益，实现了长效发展。

## 二、做减法，"五统一"服务推动农业集约化经营

**一是制定统一的服务标准。**合作社制定了耕、种、防、收、烘等生产环节"五统一"服务标准。即机耕统一采取旋耕浅耕等保护性耕作技术；早稻统一采取直播，中稻和晚稻统一采取机插；机防统一使用生物农药，在分蘖期、破口期、齐穗期分别施药；机收统一采取低茬收割，留茬15厘米以下，便于翻耕和秸秆还田；机烘统一利用蒸汽锅炉低温干燥烘干，防止稻谷爆腰，保证稻米品质。**二是推广先进实用技术。**合作社积极推广良种及低温干燥技术、节水灌溉技术、统防统治和化肥农药减量技术、秸秆还田等技术，实现统防统治全覆盖，化肥和农药减量均在10%以上。**三是整合资源降低成本。**凡是与合作社签订服务合同的农户，不仅可享受种子、化肥、农药团购价9折优惠，还可享受早晚稻机耕、机防、机收均较市场价优惠20元/亩，稻谷烘干较市场价优惠60元/吨，综合折算每季每亩可降低生产成本约200元。合作社根据市场需求，组织协调农户与粮油加工企业签订生产订单，解决农民"卖粮难""卖粮慢"的问题。

## 三、做乘法，创新信用担保破解农户贷款难题

合作社制定了种子、化肥、农药施用套餐供农户选择，费用结算采取合作社担保、农户贷款支付20%作定金、剩余款项待稻谷出售后全部结清的方式，有效减轻了农户的资金压力，调动了农民种粮积极性。三年来，合作社通过提供信用担保，累计为农户提供银行贷款420万元，解决了1 300多户农户（占服务对象的85%左右）贷款难的问题，推动服务区域内单季水稻改双季面积近1万亩，增加农民种粮收入近300万元。

合作社不断提升服务能力，积极创新服务模式，引领带动广大小农户与现代农业发展实现有机衔接。**一是促进粮食稳定生产。**合作社通过社会化服务，既解决了一家一户干不了、干不好、不愿干的生产难题，又明显提升了农户抗风险能力和生产水平。旋耕浅耕技术、化肥农药减量技术、秸秆还田技术、低温干燥技术、节水灌溉技术、统防统治等技术的推广应用，使耕地地力和粮食产量得到有效提升，保障了粮食生产稳定安全。**二是促进种粮节本增效。**合作社通过社会化服务，一方面降低了用工强度，将生产主要环节交给合作社，将农田日常管理交给农户，大大减少了农户投入生产的劳动力；另一方面降低了生产成本，机耕160元/亩、机防（含配药）260元/亩、机收110元/亩、烘干120元/亩，合计650元/亩，较市场价可节约160元/亩；同时，订单收购价格较市场价提高200元/吨以上，有效保障了农户的种粮收益。

河南省浚县人民政府
# 大力推进农业社会化服务
# 助力粮食单产提升增效

浚县位于河南省北部，全县共有耕地107.6万亩，粮食种植面积常年稳定在180万亩以上，粮食总产量稳定在100万吨以上，自古就有"黎阳收、顾九州"的美誉。近年来，县政府以农业社会化服务为抓手，强化服务主体培育，提升服务能力和管理水平，不断增强农业社会化服务效能，促进秋粮大面积单产提升，切实保障粮食稳定安全供给。目前，全县共培育各类社会化服务主体538家，服务小农户7.8万户，服务面积160万亩次。

## 一、加强规范培育，让服务主体建起来

一是强化主体培育。紧盯粮食生产高质高效，围绕农资供应、良种繁育、植保飞防、农业机械等方面，大力培育发展多元化服务主体，充分发挥不同服务主体的优势和功能，为粮食单产提升提供多种形式和多环节的农业社会化服务。二是择优建立名录库。健全县域服务主体名录库，对服务能力强、服务效果好、运营管理规范、农户满意的服务主体，实行名录管理，并将其纳入全国农业社会化服务平台名录库，定期向农户推介，供群众择优选择。三是规范服务标准。制定《浚县农业生产托管服务合同示范文本》《浚县小麦玉米农业生产托管服务标准指引》，并大力宣传推广应用，引导服务主体规范服务行为，严格作业标准和技术规程，提升服务质量，切实保障服

务双方的合法权益。目前，全县共签订农业生产托管服务合同近2万份，群众满意度96%以上。

## 二、强化指导培训，让服务水平提起来

一是集中培训。采取"理论授课＋现场教学＋分组研讨"的方式，邀请省、市专家，围绕如何破解玉米高温干旱胁迫和后期脱肥等增产瓶颈、如何做好农业生产安全风险防范等方面举办专题培训班，提升服务主体技术水平。二是现场指导。抽调植保、农技、土肥、经作等36名技术骨干组成11个技术指导组，深入田间地头，面对面为农民授业解惑。截至2023年，全县共开展单产提升专题宣讲15次，发放单产提升宣传页1万多份，服务咨询1 200余人次。三是参观学习。组织服务主体负责人到周边市县，开展玉米单产提升和社会化服务观摩学习与经验交流，进一步拓宽思路、开阔视野，为更好地推进粮食单产提升奠定基础。

## 三、突出科技运用，让服务能力强起来

支持服务主体积极引进新装备、新技术、新品种，提升服务技能，为粮食单产提升提供有力保障。**一方面**，推动机械智能化，引入北斗导航辅助驾驶系统和智能监控系统，累计播种3万亩以上，实现不重播、不漏播，直线偏差不超过2厘米，为后期除草、收获提供便利。推广应用玉米精量播种机械，每亩节约30%种子量。同时，北斗作业监测终端的应用，使农户足不出户就可以监测喷洒、耕作质量和面积，提高了智能机械作业的精准度和覆盖率。**另一方面**，推广新品种、新技术。优先支持服务主体开展小麦、玉米新品种试验和玉米单产提升试点示范。浚县军翰种植专业合作社承担了玉米单产提升种植模式和关键技术试点项目，试验不同的种植模式、品种、农机、除草剂等，全程记录试验数据，开展测产和效益分析，为更大面积推广做好技术储备。

## 四、健全管理机制，让服务保障优起来

一是建立领导机制。县政府成立了由主要负责同志任组长，分管负责同志任副组长，相关单位主要负责同志及各乡镇政府主要负责同志为成员的粮食安全生产工作领导小组，统筹抓好农业社会化服务和粮食单产提升工作，制定工作规划，完善工作措施，狠抓落地见效。二是建立资金投入机制。累计争取玉米单产提升和农业社会化服务资金2 800多万元，为高效推动玉米单产提升行动提供了有力支撑。通盘考虑、规范实施农业社会化服务项目，提高资金使用效益，重点支持玉米单产提升。三是建立纠纷调处机制。规范纠纷调处程序，实行上下联动机制，对于农业生产托管中出现的矛盾纠纷，县农业事业发展服务中心、乡镇综治办及时介入，努力将矛盾纠纷消灭在萌芽状态。四是建立风险防范机制。联合中原农业保险股份有限公司、中国太平洋保险公司、中国人民保险集团股份有限公司等承保公司开展宣传活动，加强农业保险知识的普及教育，全面推广主要粮食作物完全成本保险，足额配套保险费用补贴资金，同时鼓励发展商业性补充保险，有效保障了服务主体和农户的收益。

**湖南隆平好粮科技有限公司**

# 创新打造"五好服务"模式
# 实现"良种优粮、优质优价"

技术服务人员指导农民田间种植

湖南隆平好粮科技有限公司（以下简称"隆平好粮"）于2020年注册成立，是袁隆平农业高科技股份有限公司旗下专注于农业社会化服务领域的实体公司。公司以成为"品质原粮生态构建者"为愿景，以"每亩增收500元"为目标，通过"平台＋区域性社会化服务中心＋农户"的组织方式，孵化出"选好种、种好田、收好粮、卖好价、分好利"的"五好服务"模式，依托科技创新与管理升级，创建线上线下相结合的品质原粮产销协同体系，实现

"种＋粮＋米"短链化、品质化、规模化的稳定供应，提升产业链价值与可分配利润空间。

## 一、构建"四大体系"，搭建粮食生产流通一体化平台

公司制定了粮食生产社会化服务整体运营方案，通过构建"四大体系"和推进"两化"赋能产业。公司通过"品种研发和筛选体系"选出高产值低风险品种，通过"技术服务体系"制定区域性种植和全程技术服务方案，通过"区域性社会化服务体系"解决农户干不了或投入产出比低的生产难题，通过"流通体系"解决农户粮食卖好价的问题。同时，通过服务全程"标准化"提高服务的专业化和规范化水平；通过服务全程"信息化"提高产业链的管理效率和协同效率，并积累产业数据资产，打通金融和保险等关键环节。在此基础上，公司搭建了覆盖粮食生产、流通全产业链的农业增益系统，有效服务和赋能农资供应商、种植户、烘干厂、库点、米企、资金方等产业链主体，推动粮食产业从市场需求端向生产端的规模化反向定制和种粮一体化运营，实现多方受益。

## 二、聚焦"五好服务"，打造区域性社会化服务中心

公司抓住产业链条上的关键节点，以乡镇和片区为单位，采取"公司＋合作社＋农户"的模式组建区域性社会化服务中心。依托粮食生产流通一体化平台，以技术、品种、资金、信息、管理等赋能，创造性地打造了"选好种、种好田、收好粮、卖好价、分好利"的"五好服务"模式，进一步盘活社会存量资产、资源，带动劳动力、资金、设施等生产要素有效协同。统筹整合地方现有的区域性社会化服务中心，采取"托管"和"加盟"两大方式，让其融入隆平好粮大平台，使农业社会化服务能力得到了全面提升。通过区域性社会化服务中心的"五好服务"模式，为农户提供技术、农机、交易、信息、培训、保险、金融、科技等托管服务，与农户形成更紧密稳定的利益联结机制，提高了农户种粮积极性。目前，公司通过自建、托管、加盟等方式，在湖南、湖北、安徽、江西等粮食主产区培育并运营了300多个隆

平好粮社会化服务中心，服务面积170万亩，完成品质原粮交易50多万吨，服务农户10万余户。

## 三、链接产销两端，创新品质原粮反向定制服务

从种子到粮食的传统产业链，面临着链条长、效率低、产销脱节、交易成本高等问题。为更好地服务广大农户，公司瞄准产业链上的断链、弱项，链接产销两端，创新开展品质原粮反向定制服务。**一方面，打造粮食"交割库"。**公司在粮食流通领域构建了集实物仓监管、仓单质押、仓单交割、粮权监管等功能于一体的信息化系统，开发了"交割库"业务模式。公司作为平台方，受供粮方或需粮方委托，利用国库或米企自有库，在粮食产、销区建仓，一站式为产业链上下游提供优质稻代收、代储、金融、粮权交割、物流等服务，实现了商品标准化、监管数字化、融资信用化、交易平台化。**另一方面，推动品质原粮反向定制。**公司依托"五好服务"赋能，构建粮食溯源体系，实施从种植端到销售端的品质原粮规模化反向定制：针对种植端，打造了365益农公众号，为种植户提供随身服务，随时帮助指导其解决问题；针对服务中心，打造了站点式的"好粮宝"服务系统，帮助解决中心运营管理的痛点难点问题；针对流通端，运用先进技术，对原粮归集、入库保管及出库销售环节进行信息化管理；针对市场交易端，打造了"隆平好粮品质粮交易平台"，直连粮食产业生产端和流通端。该溯源体系通过从种子到种植、收储、加工、销售等全链条的数字化、标准化，真正实现了从实验室到田间，再到餐桌的全程可跟踪、可追溯。公司根据用粮端的需求集中决策：前期有组织地将品质粮进行集中连片种植，跟进种植过程，保证种植过程标准化；后期实现品质原粮单品单收、单烘、单储、单卖、单运。通过一系列标准化操作，提升粮食品质，增加粮食溢价，同时解决产业链各方的痛点问题。

## 四、建立标准体系，提升服务标准化水平

公司把服务标准化作为全面提升管理水平和服务质量的重要举措，以

实施国家粮食生产全程服务标准化试点为契机，建立了由通用基础标准、服务保障标准、服务提供标准三个体系组成的粮食生产全程服务标准体系。其中，应用国家标准77个、行业标准12个，制定企业标准159个，参编地方标准3项；首次提出并牵头编制团体标准《优质食用籼稻单品种稻谷》。这些标准构成了一套相互依托、相互协调、科学适用的粮食生产全程服务标准体系，为公司生产管理、全产业链经营、粮食品质提供了坚实保障。同时，公司注重科技创新，获得软件著作、新品种发明专利技术等共9项。

## 五、突出"两化"赋能，全面提升产业效益

公司通过"标准化＋数字化"改变了原有粮食生产、流通模式，有效提升产业链价值，使粮食流通信息更加透明，价值分配更加合理均衡。公司采取订单生产、标准化种植和信息化服务赋能粮食生产，帮助农户降低种植风险，规避市场风险，实现种粮无忧，大大提高了种粮效益。通过标准化管理，稻谷加工处理时间由传统晾晒2～3天缩减至19个小时，效率提高50%以上。通过优质稻交割仓，将分散交易变为集中交易，实现粮食品质标准化，保障了粮食稳定供应，降低了交易成本。通过构建"从农资到粮食、从种子到流通、从田间到餐桌"的全流程、全产业链农业增益系统，实现品质原粮由原来无法溯源的"混配原粮"，升级为可以溯源的单品种、标准化种植的"优质原粮"，确保大米品质的提升。目前，长沙县以单品种大米为主导的"隆平芯米"的市场零售价格比同等级南方籼米平均每公斤溢价4～6元，为种植户增加收入300元/亩以上。此外，公司通过数字化系统，积累了种植户、经销商、粮食产后服务中心及下游用粮企业的农资和原粮的线上交易数据，为合作的银行、保险等金融机构提供业务数据，促使其开发出了"农户惠农贷""服务中心信用贷""米企好粮贷""米企好粮储"等产品，既有效降低了金融机构的风险，也为种粮大户、服务中心等关键主体提供了资金支持。

陕西省黄龙县人民政府

# 合力托管保粮安　专业服务促增收

社会化服务启动仪式

陕西省黄龙县地处黄土高原丘陵沟壑区，是典型的人少地多农业县。近年来，黄龙县抢抓省级社会化服务示范县创建机遇，坚持政策引导、主体带动、项目推动和金融支持多措并举，合力推进粮食生产社会化服务加快发展，初步探索出了"农民种粮挣钱得利、地方抓粮履职尽责"的有效机制，走出了一条稳定粮食生产与促进农民增收的双赢之路。

## 一、创新服务模式，多元主体发力

一是以合作社为主力，提供专业服务。按照"户办场、场入社、社服务"的路径，逐步将种植大户和家庭农场组织起来，成立13个专业合作社。合作社充分发挥联农带农优势，实行统一农资、统一作业、统一技术和统一收购，并按照单环节较市场价优惠的标准，提供合作式、菜单式、保姆式、保底分红式等服务，广受小农户欢迎。例如，三岔镇兴农合作社仅一年时间，就将服务面积由1 000亩扩大到9 600亩，托管服务玉米亩均增产101公斤，带动农户增收258万元。**二是以大企业为引领，延伸购销服务。**为进一步拓展服务链条，县政府引进陕西省农垦集团有限责任公司，支持其与村集体经济组织合建玉米烘干厂。村集体负责项目投建及协助管理，省农垦集团负责收购、烘干、仓储及销售，目前实现年烘干玉米4万吨，盈利456万元，既解决了玉米因销售不及时或雨天造成的霉变问题，又获得了增值收益。同时，支持村集体经济组织投资建设玉米加工厂，并以资产出租方式招募运营企业、注册统一商标、开发农旅产品，打响黄龙玉米品牌。**三是以村集体为中介，开展居间服务。**引导村集体经济组织成立专业合作社，依托专业合作社开展社会化服务。村集体提供场地、资金等支持，村干部负责居间协调，合作社负责统一调度农机、统一服务标准、统一费用结算。

## 二、强化示范引领，项目实施得力

一是狠抓项目规范，坚持"严"字当头。推行"宣传托管政策、公开遴选主体、签订服务合同、开展作业服务、完善名录建设、作业质量验收、兑付项目资金、开展绩效评价"的项目一站式闭环管理。同时，将项目实施纳入全县作风建设专项行动治理范围，严选服务组织、严把工作程序、严抓合同管理、严格补助申报，全过程、全环节推动项目落地见效。**二是发挥群众力量，实施全程监督。**服务组织统一安装监测传感器，实时核对作业情况，村监督员和农户共同监管服务面积、服务质量，县纪检部门严格参与项目验收。经服务组织、村集体、农户三方确认无误签字后，政府方兑付补助资金。**三是坚持质量导向，开展星级评定。**引入信用评价机制，聘请第三方公司开展绩效评价，全县累计实地查验项目面积4.26万亩，回访农户1 213户。

根据绩效评价结果对服务组织给予星级评定打分，将评定结果与名录库建设、示范认定、项目申报挂钩。对服务面积弄虚作假、服务质量不达标、农户投诉较多的服务组织，一律清退出名录库，取消其五年内承担项目的资格。

## 三、深化政银合作，金融保险助力

一是引入金融活水，保障"支农支小"。县政府与县农业银行签订《金融支持乡村振兴战略合作协议》，通过政策引领、农担保底等方式，面向全县小农户和服务组织发放"惠农e贷"，贷款期限长、利率低、审批快、方式活，有力解决了服务组织购农资、买机械等资金难题。目前，已累计提供信贷支持达4亿元，惠及全县3 500余户，覆盖率达40%。二是推广"托管贷"，激发主体活力。为破解服务组织设备更新不足、资金垫付压力大等难题，县农业银行发放"农业生产托管贷"，为服务组织发展壮大提供了强劲动力。目前，该行累计在农业生产托管领域投放贷款500万元，惠及4家服务组织和1 000余户小农户。三是实施种粮保险，提供兜底保障。为提升农户托管信心、降低主体托管风险，按照"户申报、镇统计、县审核"的流程，全县统一为农户购买种粮保险。每亩15元的保费，在政府补贴12.25元后，剩余部分由村组和服务组织按照1:1比例支付。全县累计补贴保费32.8万元，实现托管农户、服务地块全覆盖，让农民吃上了托管服务"定心丸"。

## 甘肃省张掖市新大弓农化有限责任公司
# 聚焦"专、精、新"
# 探索制种玉米社会化服务新路子

技术人员在田间提供技术指导服务

甘肃省张掖市新大弓农化有限责任公司成立于2004年，是一家从事水溶肥料、有机肥料、微生物肥料、特种肥料及其他功能性肥料研发、加工、销售、推广、服务的复合型高科技农业企业。公司拥有7项专利、4项科研成果，是国家高新技术企业。公司聚焦张掖制种玉米产业，发挥自身科研、技术优势，构建"专家团队＋服务企业＋制种基地＋小农户"的运行机制，向农户、村社、制种企业提供"订制式"绿色施肥用药技术服务方案，探索出了一条制种玉米"土肥水药"绿色托管服务的新路子。近年来，公司年托管服务面积5万多亩，累计服务面积22.61万亩，服务农户9 200多户。

## 一、在"专"上做文章，提升服务专业化水平

公司坚持"专业的事让专业的人干，专业的人把专门的事干专业"，努力提升玉米种子生产托管服务的专业化能力和水平。**一是组建专家服务团队**。公司与张掖市农业科学研究院等5家科研院校合作，聘请11名专家教授与公司研发人员组成技术支撑团队，围绕测土、水肥一体化灌溉、配肥施肥、配药打药、土壤改良、测产、田间管理和灌溉制度等各生产环节，为小农户和规模经营主体提供"订制式"技术方案和"保姆式"作业服务。**二是大力开展技术培训**。组织专家教授开展农民技能培训，召开培训会16场次，累计培训农民、种植大户和相关技术人员2 500余人次。**三是强化服务制度建设**。探索制定托管服务工作制度办法16项，建立完整的"一约（服务合同），二测（测土和测产），三案（技术方案、工作方案、风控预案），四效（增产增收、节本降费、土壤生态改善和客户满意度）"服务管理制度体系。

## 二、在"精"上下功夫，提升服务标准化水平

公司综合运用土壤、肥料、灌溉、生防、栽培、植保等多学科专业技术，力求技术精湛、管理精细、服务精准。**一方面**，通过多学科、多部门、多层次协作，精准融合和优化技术集成服务方案。实行"产学研推用"一体化，把土壤检测、配方肥研究、生产加工、水肥一体化、灌溉施肥、土壤改良、病虫害绿色防控等各类专业技术相结合，提炼升级为针对性更强、更精细的全程综合服务技术方案，让每项农艺技术都能落地，让服务对象的生产问题都能精准找到解决方案。**另一方面**，积极开展托管服务示范，把优势和效果展示给农户。开展高标准农田水肥一体化试验示范12项，各类试验示范累计面积5 000多亩；组织大型交流观摩学习4次，参与农户1 000多人次。通过"先看"，农户和制种企业实实在在认识到绿色生产托管服务的优势和

好处。通过"先看"变"后干"，公司示范带动了整社整村开展连片标准化、规范化托管服务。

## 三、在"新"上求突破，提升服务规模化水平

公司坚持创新思维，努力实现单一技术向综合技术融合，孤立产品向系统产品优化，分散资源向服务合力整合。**一是积极倡导生产新理念。** 针对重化肥而轻有机肥、重施肥数量而轻肥料质量等传统观念，引导服务对象树立"科学种田、绿色发展"理念，积极推行科学施肥、绿色施肥、精准施肥。**二是大力推广新技术新产品。** 推广和实施测土配肥、水肥一体化、飞防等新技术，全程应用公司自主研发生产的腐殖酸水溶肥、氨基酸水溶肥、大量元素水溶肥、有机无机复合肥、微生物菌肥、盐渍土改良调理剂等专利成果和新型绿色产品。**三是积极构建托管服务新模式。** 公司以村社和制种基地为纽带，探索规模连片的服务路径。截至2023年，通过"专家团队＋服务企业＋制种基地＋小农户"托管服务模式，带动甘州区沙井、明永、甘浚等5个乡镇、14个村、8家种子生产企业参与社会化服务。

## 四、有关启示

一是科学有效的技术集成是保证农业社会化服务效果的核心因素。公司充分发挥自身科研、技术、检测、产品生产加工等优势，大力推广测土配肥、标准化施肥、水肥一体化技术，针对不同种植区域、不同土壤环境，为广大小农户和制种企业提供专业的订制式、个性化土肥水技术集成服务方案，精准解决耕地质量下降、作物连作障碍等问题。据测算，通过生产托管，制种玉米亩均增产5%左右、增收200元以上，亩均节水350立方米、节药20%，亩均减少化肥投入20～30公斤、节肥30%左右，亩均减少用工量50%以上，实现每亩综合节本增效380元以上。**二是持之以恒的探索创新是推进农业社会化服务的关键动力。** 公司以创新为动力，以服务专业化、标准化、规模化为方向，以"产、学、研、推、用"融合为路径和支撑，充分

应用新理念新技术新产品，为玉米种子生产节本增效，取得了良好的经济效益、社会效益和生态效益。通过社会化服务，地块土壤板结退化现象明显好转，耕地地力和质量显著提升，广大小农户切实体会到了社会化服务的好处，对社会化服务的认识，也从怀疑、不了解，转变为广泛认可和接受。

青海东筱生态农业服务有限公司

# 创新托管服务模式
# 实现粮食增产增收

社会化服务作业现场

青海东筱生态农业服务有限公司是由浩青生态农牧业专业合作社牵头成立的一家致力于农业社会化服务的综合服务型企业。近年来，公司坚持为农服务的宗旨，以吸纳脱贫劳动力就业为目标，逐步形成了"农资＋农技＋农机"的生产托管服务模式。目前，公司有员工18人，拥有拖拉机、收割机、联合深松整地机、植保无人机等各类农机具61台（套），年均服务面积8 000亩左右，累计完成农作物病虫害综合防治及叶面肥喷施面积20万亩。

## 一、强化技术支撑，提高服务科技含量

一是联合科研院所，开展高效服务。公司与青海省农林科学院及当地农技专家紧密合作，积极推广应用测土配方施肥和病虫害绿色防控技术，建立新品种、新技术试验示范基地148亩。在作物生长的关键时期，邀请专家深入基地进行指导，解决农民生产中的技术难题，实现了良种良法到田、科学技术入户。二是加强技术培训，提升服务水平。公司在加强技术合作的同时，注重自身团队科技水平的提升，每年选派员工参加县农业电视广播学校及相关部门组织的关于新技术、新机具、新品种等的各类培训，打造了一支技术过硬的专业化服务团队，有效提升了服务水平。

## 二、加强联合合作，延伸服务链条

在成立种子公司与粮油加工企业的同时，公司与当地农资公司合作，不仅为小农户供应化肥、农药、农膜等农资产品，还通过统一供种、统一定价、统一收购、统一仓储、统一加工的"五统一"服务模式，提供粮油"产、供、销"各环节的服务，解决了小农户面临的农资投入多、种植技术弱、销售价格低等问题，降低了农业生产成本，提升了农产品附加值，保障了农户经营收益。

## 三、整合闲置资源，提升服务能力

针对部分农户自购农机，但因耕地面积较小造成的农机和劳动力闲置现状，公司将泉口镇、西滩镇等6个镇（乡）分散在小农户手中的41台农机具和18名农机手集中起来，开展专业培训，组建农机、植保等专项服务团队，按照服务面积为农机手提成分红，提高了农机手收入，提升了服务能力，实现了利益共享。

## 四、适应需求差异，丰富服务内容

公司对常年外出打工或无劳动能力的农户采取"六统一"的托管服务，

即统一供种、统一耕种、统一管理、统一防治、统一收获、统一销售。通过规模化、标准化、专业化的生产管理，有效提高了粮食产量和品质，实现了每亩增收100元以上。对缺乏机械设备、自身劳动力不足或季节性外出务工的农户采取"点餐式"托管服务，根据其实际需求，为农户提供上门服务，生产的粮食由农户自行分配，充分保障了农户的权利。对无劳动能力的脱贫户，签订生产托管帮扶协议，为他们提供全程免费或优惠服务。

## 五、取得的成效

公司在整合农资、农技、农机等资源的基础上，积极探索与省、州、县农业科研单位建立广泛的合作关系，将现代要素导入农业生产过程中，取得了良好效益。**一是降低了农户生产成本。**农户接受托管服务后，亩均耕地成本降低15元、收割成本降低20元，亩均收益增加260元。**二是促进了企业增收盈利。**公司通过开展耕、种、防、收、农技、初加工等环节的托管服务，扩大了经营范围，提升了服务能力，实现年经营收入230万元。同时，提供灵活就业岗位70个，带动人均年收入增加6 000元。**三是实现了生态效益。**通过测土配方施肥、植保飞防、试验示范等，带动了有机肥、生物菌肥和新型高效低毒农药的大面积推广，减少了化肥农药的使用量，同时也保护了耕地质量，提升了农产品品质，推动了农业绿色发展。

# 第二部分
## 拓展服务领域

## 河北省国行融投承德农业发展有限公司
# 托管服务助力中药材产业高质量发展

国行融投承德农业发展有限公司成立于2016年，位于河北省承德市滦平县，是一家专业从事"食药同源"生物技术研发的国家高新技术企业，主营"濡水归元""桑叶饮""药食同源鲜叶"三大系列产品，包括桑芽菜、霜后桑叶、桑叶切片、蜜制桑白皮、桑叶鸡蛋等。公司注重科技创新驱动发展，先后为滦平县及周边区域研发、引进、试验、示范、推广中药材新品种20多个、新技术19项。近年来，公司聚焦补齐中药材产中环节规模经营和质量管控短板，积极拓展业务领域，大力开展中药材生产、技术、销售等托管服务，引导农户采用现代种植技术、发展适度规模经营，使其成为现代产业链的有机组成部分，取得了助农增收、中药材提质和促进乡村振兴的多重效果。2022年，公司为4 000多户农户提供生产托管服务，服务面积达3万余亩，实现产值560余万元，带动农户增收90余万元。

## 一、开展生产托管服务，降低成本提高效益

公司为中药材种植户提供统一采购、统一种植、统一管理、统一收获的全程生产托管服务。通过统一供应低于市场价格的种子种苗，统一采购化肥、农药等，实现标准统一、规格统一，降低了农户生产成本。公司统一购置农机，避免了农户重复购置导致的资源浪费和因农忙时节农机服务价格提高导致的成本增加等问题。同时，公司根据栽种品种为种植户提供土地整理方案及生产服务方案，解决了因土地整理、生长期管理不到位影响产量的问

题。通过机械化精量播种技术、化肥一次性深施、机械植保、机械收获等技术的应用，促进中药材增产增收。通过社会化服务使用大型机械进行土地整理、精准施肥、精准播种，种植户的机耕、机播、机收价格均比市场价低60元/亩，化肥、种子、农药价格均比市场价低40元/亩，种植成本压缩到400～500元，每亩节约成本约200元。

## 二、开展技术指导服务，保障药材质量安全

公司引入国家北方山区农业技术工程中心，联合河北农业大学、承德医学院、河北省中药材产业技术创新战略联盟、滦平县中药材产业联盟等共同搭建研发中心，配套建设实验室、组培室、中试车间等。依托研发中心雄厚的技术实力，为中药材种植户提供修剪、病虫害防治、栽培种植管理、移植管理、定植等方面技术服务，使中药材产量和质量同步提升，特别是生产和销售的成品率都有明显提高。以苍术为例，公司依据地势地块，将一定范围内的地块统筹划分，制定栽种及收割计划，提供种植技术指导服务，结果显示：成品率由托管前的83%提高到92%，提高了9个百分点；产品优质率由托管前的41.5%提高到62%，提高了20.5个百分点。

## 三、开展统一销售服务，打消农户后顾之忧

为解决中药材销售难题，接受托管服务的种植户可委托公司进行统一销售。这使中药材种植户从一家一户单打独斗转变为集中售卖，增强了议价能力，在销售上争取到一定的话语权和主动权，避免了中间环节层层"扒皮"，从而增加了收入。如，2022年某药业有限公司收购苍术给出的价格是70元/公斤，但由于中间商赚取差价，最后到达农户手中仅30元/公斤，而通过公司统一销售，扣除成本后给到农户的价格是50元/公斤。此外，在市场行情不如预期时，公司统一收购中药材进行深加工，围绕"中医农业、中药产业、营养健康、功能食品"扩大销售途径。例如，2022年牛蒡市场价格偏低，市场收购价仅为3.4元/公斤，由于农户没有存储地点，只能低价出售。公司了解情

况后，采取高于市场价50%的价格回收，避免农户因市场变动遭受过多直接的经济损失。

通过近几年的实践，公司以中药材生产托管服务为切入点，逐步将服务向技术指导、销售加工等环节延伸，形成了集生产、技术、销售为一体的中药材托管服务模式，实现了规模化、标准化生产，探索出了中药材种植、管理和销售的新路径，为全县中药材社会化服务发展起到了积极的示范引领作用。

一是规模化种植，实现农户稳定增收。托管服务促进了中药材生产节本增效，加速了农业新技术的传播和农业产业的升级，让分散经营的小农户切实分享到了托管服务带来的红利，提高了农户生产积极性。截至2022年底，以黄芩、苍术、柴胡等品种为主，全县从事中药材产业人员达到1.2万人，产业覆盖88个脱贫村，带动农户就业2 679户，吸纳就业人数2 053人。农户通过种植中药材，实现平均年收入2 300元/亩，与种植玉米相比，年增收1 000元/亩左右，实现了稳定就业增收。

二是多环节托管，提升品牌影响力。公司以"正宗国医、道地药材"为品牌定位，通过统一育种、统一种植、统一管理、统一收获、统一销售的"五统一"服务，确保中药材种植管理规范，农药化肥使用量明显减少，大大提升了中药材品质。"滦平中药材"连续两年被评为河北省名优农产品区域公用品牌，"滦平黄芩"获批农产品地理标志证明商标。2022年，滦平县被评为河北省黄芩产业大县，极大地提升了滦平中药材的品牌影响力。

三是社会化服务，助力企业做大做强。公司通过提供社会化服务，充分盘活利用闲置设施、装备，提升了服务能力，增加了企业经营收入；通过提供社会化服务，联合其他主体实现优势互补、共同发展，提升了企业市场话语权；通过提供社会化服务，推动企业拓展业务领域，促进多元化发展，提升了企业市场竞争力。

## 浙江省余姚市黄潭蔬菜产销专业合作社
# "保姆式"服务助推乡村振兴
# 跑出"加速度"

技术专家指导包心芥种植

　　余姚市黄潭蔬菜产销专业合作社成立于2007年，位于浙江省宁波市余姚市泗门镇，主要从事包心芥、榨菜、甜玉米、绿花菜等的生产、加工、销售和技术推广。合作社通过订单农业的"六统一"模式，提供产前、产中、产后服务，辐射带动周边4个乡镇2 500余户农户，年生产蔬菜4万多吨，有力促进了蔬菜规模化、标准化、集约化生产，实现了成本下降、产量增加和农民增收的综合效益。

## 一、产前技术指导全覆盖

合作社拥有高级职业农民1名，高级农技师1名，各类技术人员3名，培养种植能手20名，将其组成技术团队为农户种植提供技术支持。技术团队深入农户，发放《包心芥标准化管理操作手册》2 000余册，制作农事档案，依据农时季节，重点开展选地整地、播种育苗、移栽定植、田间管理、病虫害防治等5项关键技术培训。合作社以浙江大学、浙江农业科学研究院、宁波万里学院、宁波市农业科学研究院等单位为技术依托，推动产学研深度合作，聘请农技专家对农民进行培训，累计培训菜农12 500人次。

## 二、产中关键环节强服务

为搞好社会化服务，合作社累计投入600万元，陆续建成温室连栋大棚7 200平方米，安装喷滴管1 000余亩，自建冷库、保鲜库及果蔬集散市场，并配备了沼气池和农残检测实验室。同时，购置必要的耕作机械，配备农机手，根据农户需要开展农机服务。2022年，合作社为签约农户提供包心芥菜服务面积1 867亩。其中农机土壤翻耕服务收费150元/亩，比市场价低50元/亩；精细化直播收费50元/亩，比市场价低20元/亩。合作社还自建3 000平方米育苗大棚供在社农户无偿使用，为签订合同的农户免费提供种子，并为基地农户提供"零利润"无差价的农资。三项服务每年让利农户50余万元，有效降低了农户的生产成本。

## 三、产后收购销售一条龙

合作社创新发展订单农业，促进产销对接。一方面，合作社与农户签订合作协议，承诺以高于生产成本的保护价进行收购。另一方面，合作社与龙头企业余姚市第五蔬菜精制厂签订协议，就包心芥菜、榨菜两大主要作物的深加工建立长期合作关系，形成利益共享、风险共担的联结机制，既解决了小生产与大市场的产销对接问题，又有效提高了农产品流通速度和农民种植积极性。订单农业这一形式惠及泗门、黄家埠、临山、小曹娥等周边乡镇超4万人次，累计为农户创收6亿元。

## 四、取得的成效

合作社成立16年来，立足于为成员及周边农户提供社会化服务，通过拓展服务内容、优化服务方式、创新服务手段，每年带动农户2 500户，近两年服务面积近3 000亩，有效促进了农民收益、合作社实力、农业生产水平"三个同步提升"。

**一是增加了农民收入。**合作社通过提供社会化服务，使农户实现了"三减三增"。在农资集中采购上每亩降低成本15%，在统一农机服务上每亩降低成本20%，通过统一病虫害防治每亩降低成本6%；通过技术指导、科学栽培每亩增产10%以上，通过订单销售每亩提高售价10%左右，帮助农户每亩节本增收450元左右。

**二是实现了合作社发展壮大。**在高效服务过程中，合作社奠定了持续发展的基础。目前，合作社核心基地面积达1 200多亩，拥有资产806万元，建有农业服务中心、育苗中心、农资配送中心、农机库等1万多平方米，2022年实现总产值1 648万元，每亩年收入超过1万元。

**三是推动了农业转型升级。**合作社通过开展甬榨5号、甬包芥2号等新品种的引进试验，以及"榨菜—毛豆—包心芥菜""蔬菜＋水稻"等生态高效种植模式的集成示范，累计推广新品种新技术新模式5万余亩，有力促进了科技成果转化和绿色增效技术推广。通过使用有机肥料和安全环保农药，采取绿色种植方式，显著减少了农业面源污染，服务区域农药用量减少30%以上，化肥用量减少20%以上，推动了农产品质量安全和生态环境保护工作。

**安徽省长丰县人民政府**

# 创新农业社会化服务机制
# 引领"小草莓"做成大产业

安徽省合肥市长丰县是"中国草莓之都"和"中国设施草莓第一县"。近年来，长丰县从农业社会化服务着力，不断创新服务方式，延伸服务链条，完善集大数据、种苗繁育、农技服务、农资供应、标准化生产、加工冷链等于一体的全程社会化服务体系，探索出了以社会化服务引领支撑小农户和现代农业发展有机衔接的新路径。

## 一、立足"三个重点"，健全服务体系

一是建强多主体参与的生产服务体系。推动农事服务中心、产业联合体、农民合作社、家庭农场等多元主体联动、优势互补，开展果苗和农资供应、技术支撑、劳务派遣、营销策划等全链条社会化服务。二是建强多渠道拓展的销售服务体系。推动7个草莓交易市场＋120多家草莓集贸收购场＋近40家基地直采站点的销售服务体系建设，不但吞吐了长丰县35万吨的本地草莓，还助销了半径100公里之内邻近市、县的草莓。三是建强多维度监控的数字服务体系。建成草莓社会化服务大数据中心，集产业布局、物联网监测、病虫害识别、肥水管控、安全溯源、网络销售"六位一体"，指导精准化种植，节约时间成本2倍以上，大大提高了生产效率。

## 二、围绕"三个关键",延伸服务链条

长丰县聚焦草莓种苗、生产、加工三个关键点,打造"行业协会＋科研院所＋农资供应＋金融保险＋冷链物流＋品牌运营"的草莓全产业链社会化服务模式。**一是突出种苗供给服务。**推动种苗繁育服务组织快速发展,建成了艳九天、恒进、江淮园艺等5个组培中心和1处病毒检测中心,年繁育100万株草莓原种苗,实现脱毒苗统一供苗,为全县草莓稳定产量奠定了坚实基础,每年向全国供应种苗15亿株,产值达6亿元。**二是导入公益性技术服务。**整合农业技术骨干、科研院所农业专家、草莓种植能手,组建了100余人的技术推广服务团队,并引进省农业科学院园艺研究所宁志怨、杭州市农业科学院余红等全国知名草莓专家11名,在草莓生产关键时间节点提供管理技术咨询和指导。建设草莓培训服务基地,年培育高素质农民100人以上。**三是拓展加工增值服务。**建设南、北2个草莓食品加工物流产业园,通过"加工企业＋经纪人＋农户""加工企业＋合作社＋农户"等多种方式,收购草莓尾果,延长草莓生产周期,每亩稳定增加种植户收益1 000元以上。

## 三、聚焦"三个要素",优化服务环境

**一是强化政策引导。**出台《长丰县"三强"攻坚行动农业高质量发展若干政策实施细则》《长丰草莓产业推进科技强农机械强农促进农民增收行动若干政策》等政策文件,每年安排2 000万元资金支持草莓社会化服务体系建设。针对怎么生产、怎么服务、利益怎么联结等突出问题,在用地、科创、农服、人才等方面制定扶持政策,为社会化服务体系建设保驾护航。**二是加强金融支持。**开发"草莓贷""全产业链贷"等金融产品,对各类服务主体,特别是从事草莓种质资源利用、种苗培育、栽培种植等方面的服务主体,给予最高500万元的信贷支持,目前已累计支持草莓全产业链服务主体356个。**三是创新保障方式。**在全国首创草莓生产"信贷＋保险"试点,采用银行贷款、保险"担保"、政府补贴相结合的方式,解决种植户因无担

保、无抵押造成的贷款难问题，降低服务主体因自然灾害、意外事故等造成的不能如期还贷的违约风险。该产品保险费率为6%，保险金额4 000元/亩，保费240元/亩，各级财政为农民提供80%的保费补贴，农民只需承担20%的保费，即每亩48元。2022年，金融部门联合县农业农村局、长丰县草莓协会等人员深入草莓种植基地，开展惠民政策和产品宣讲，全县承保面积达到9.12万亩，承保金额7 290万元，涉及5 236个草莓种植户。

## 四、构建"四种机制"，实现联农带农

一是构建"优价收购"机制。通过服务主体的专业化服务，带动果农实行标准化种植与规范化管理，接受服务的种植户亩均增收2 000元。二是构建"创业帮扶"机制。依托服务主体探索"创业导师＋孵化基地"帮扶机制，重点为返乡农民、大学生、退伍军人从事草莓种植提供创业、就业支持，累计培育技术人才300余人，提供社会化服务就业岗位1 000余个，实现人均年增收5 000元。三是构建"质量监管"机制。围绕草莓生产和服务关键环节，开展服务标准研究，明确相应标准、指导价格、服务流程，先后制定了1个国家级技术标准、3个安徽省地方标准、1个省行业协会团体标准，打出长丰草莓技术标准的组合拳。全面建设质量安全可追溯体系，构建草莓质量安全监管服务网格，实现了草莓质量检测和市场监管常态化，质量安全抽检合格率达到99.8%。四是构建"农旅融合"机制。延伸社会化服务链条，加速"三产融合"，连续举办20届草莓文化旅游节，建成草莓特色小镇、草莓文化博物馆、草莓守望园等一批特色农文旅项目，推进文旅产业发展，助力乡村振兴。组织全县莓农代表参加全国各类草莓展示展销活动，提升草莓区域公用品牌、企业品牌和产品品牌影响力。

## 五、取得的成效

一是草莓产业提质增效，形成全产业链高质量发展格局。2022年，全县草莓种植主体8万多家，设施栽培面积21万亩，年产量35万吨，实现一产

年产值65亿元，一二三产全产业链产值110亿元以上。**二是生产效益明显提升，帮助小农户增产增收**。通过服务主体为莓农提供种苗供应、技术培训、病虫害防治、贷款保险、收购销售等全链条的社会化服务，使种植户亩均纯收益达2万元以上，部分种植户纯收益可达3万～4万元。**三是经营机制不断完善，促进小农户和现代农业发展有机衔接**。通过建立集技术研发、农技服务、农资供应、标准化生产、加工流通于一体的全程社会化服务体系，帮助小农户加快转变生产方式，实现节本增效、对接市场、抵御风险、拓展增收空间，促进了小农户和现代农业有机衔接。**四是农业数字化服务得到推广，提升草莓产业市场竞争力**。长丰县依托大数据管理平台，导入服务主体数据资源，带动小农户搭上"互联网＋"的快车。通过智能识别系统和管控系统，实现草莓生产节肥30%、节药45%，亩均产量提高15%，亩均节本800元，亩均增收3 600元，线上年销售量超7万吨，有力提升了长丰草莓的品牌影响力和美誉度。

安徽省淮北丰银农业开发有限公司

# 创新"一站式"托管服务
# 力推高油酸花生生产

淮北丰银农业开发有限公司位于安徽省淮北市濉溪县，是一家致力于农业产业发展的科技型服务公司。近年来，公司面向皖北粮油产业，把发展高油酸花生订单农业作为主攻方向，精心打造"统一组织、统一供种、统一标准、统一培训、统一保障、统一回收"的"六统一"生产托管服务模式，帮助农户在不增加投入成本的前提下，有效实现增产增收。截至2023年，公司累计服务面积20余万亩，为促进当地油料产业发展和农民增收作出了积极贡献。

## 一、强化订单引领，统一组织

公司与山东鲁花集团有限公司（以下简称鲁花集团）开展长期深度合作，实行高油酸花生"订单＋托管服务"的经营模式，在组织农户签定生产订单的同时确立服务关系，以"一站式"服务开展花生订单生产托管。至2022年，累计推广托管服务近7万亩，比上年增长2倍以上，服务农户数增加近百户，形成了良好的规模效应。

## 二、聚焦种子安全，统一供种

公司经过3年多的高产高效品种攻关试验，总结出花生区域性适宜品种10个。同时联合科研院所开展测土配方施肥、机械化精细播种等技术验证，重点实施有机肥种植标准化试验，强化绿色防控产品和技术应用，推进化肥农药减量化行动，总结绿色栽培技术5项，形成了"良种＋良法"有机结合的区域性高油酸花生生产解决方案。在此基础上，统一为农户提供安全、适宜的品种，在保障高油酸花生丰产丰收的同时，进一步提升了花生的品质。

## 三、组建专业队伍，统一标准

一是制定托管服务标准。组织专家针对高油酸花生生产各环节制定全程机械化作业流程和标准化规范，为开展托管服务提供科学依据和专业指导。二是组建专业化服务队伍。整合各类服务资源，建立统一服务体系，组建播种、植保、机收等专业服务队伍，依据标准为农户提供"耕、种、管、收"等托管服务。三是搭建农资集采平台。与国内一线农资企业达成合作协议，为农户统一提供种、肥、药等农资采购服务，减少中间环节，降低生产成本。

## 四、加强科技示范，统一培训

一是建立科技示范基地。公司积极争取国家花生产业技术体系、全国高油酸花生推进协作组等机构的支持，建设全国高油酸花生品种展示示范区。2022年，展示品种91个，联合县农业技术推广中心开展机械化、绿色化、标准化托管服务，覆盖旋耕、整地、播种、施肥、化除、化控和收获等生产全过程，花生产量显著提高，起到了良好的示范作用。二是强化技术培训。加强与全国农业技术推广服务中心、安徽省农业科学院等机构的合作，常年聘请专家，深入田间地头，为农户提供技术培训和田间指导等服务，及时对病虫害情进行诊断并提供防治方案，定期发布区域农情信息，及时指导农户做好田间管理和预防措施，提升花生种植和管理技术水平。2022年，共开展集中技术培训22次、讲座活动18场，累计服务农户400余户。

## 五、创新金融支持，统一保障

一是实现保险托底。公司联合保险机构，创新推出花生"托底险"产品及服务，依据实际情况统一为农户购买保险，实现了高油酸花生生产完全成本的全覆盖，有效提升了农户抗风险能力。**二是加强信贷支持**。针对农户生产资金不足、融资难等问题，公司与当地银行合作，创新花生"托管贷"服务，支持农户凭借订单合同、保险保单，向银行申请与保险等额的无抵押、纯信用贷款，用于支付农资和托管服务费用，形成"保险＋信贷"双重金融保障。2019年以来，协调农村商业银行、工商银行、国元农业保险股份有限公司、中华联合财产保险公司等机构，累计为农户提供信贷资金1.3亿元。

## 六、确保农民收益，统一回收

公司积极对接鲁花集团、益海嘉里金龙鱼粮油食品股份有限公司、玛氏食品（中国）有限公司等花生加工企业，实行订单花生"保底＋溢价"收购模式，打造托管服务全闭环，极大调动了农户生产积极性，形成了农户、服务主体、加工企业优势互补、互惠共赢的生产格局。

公司通过创新服务模式，为皖北高油酸花生产业提供"一站式"托管服务，取得了良好的经济和社会效益。**一是实现了节本增效**。经初步测算，公司通过低价供种、低价采购化肥和农药及标准化托管服务，平均每亩为农户节约成本约200元。同时，实现高油酸花生比普通花生亩均增产约20%，最高达到350公斤/亩。**二是增加了农民收入**。公司通过"一站式"托管服务，大大减少了农户的劳动投入，既解决了无劳力、弱劳力农户种不了地、种不好地的问题，又解决了在外打工人员的后顾之忧。2022年，高油酸花生最低收购价为7.0元/公斤，实现农户亩均增收400元以上。**三是促进了产业发展**。公司通过开展托管服务，有效解决了农户缺乏花生种植技术问题，托管后收益更高，吸引了更多农户从事高油酸花生生产，推动了整个产业向标准化、集约化、规模化发展，为打造皖北地区花生品牌奠定了坚实基础。

## 福建省永春县锦都食用菌专业合作社

# 牵手抱团开服务新路
# 民富菌强助乡村振兴

永春县锦都食用菌专业合作社成立于2017年，拥有食用菌出菇房1.5万余平方米、鲜菇冷藏库1 500立方米，建有出菇大棚、冷藏库、数控菌包生产线。近年来，合作社针对当地菌菇生产经营分散、管理粗放、技术含量低、生产效益差等问题，积极开展产前、产中和产后一系列服务，促进了食用菌产业做大做强和种植户增产增收。

## 一、突出"统"的角色，提供政策要素落地服务

合作社在菌菇生产之前，主动联系政府相关部门争取财政项目、信贷保险、电力优惠等惠农政策，减轻成员和周边菇农种植压力。同时，将合作社基地作为培训中心，邀请专家举办食用菌生产培训，特别注意选址、场地整治、种植大棚设置、配套设施建设等标准化、产业化生产的前期准备工作，以及生产中的注意事项（包括农产品质量安全等），帮助菇农整体掌握生产全流程，避免盲目投入生产。

## 二、发挥"专"的优势，提供优质菌包代工服务

合作社组织专业技术人员，根据本地区的气候条件和生产特点，分析比较多年来不同菌种的生产情况，寻找优质菌源，集中采购品质良好、适合本地生长的菌种。同时，充分利用冷藏库和现代化数控食用菌菌包生产线，发

挥规模优势，集中生产食用菌菌包，通过菌包代工服务为成员和周边菇农提供质量优良、价格优惠的食用菌菌棒，有效降低了菇农生产成本，提高了产品竞争能力。

## 三、强化"管"的能力，提供技术跟踪指导服务

合作社针对食用菌不同生长期的特点，以及菇农在生产管理中遇到的具体问题，及时开展理论和实操培训，积极探索如何增加产品和菌渣废料的科技附加值，提升成员专业技术能力和菇农种植水平。同时，安排技术较好且热爱食用菌事业的成员分片负责、点对点跟踪指导，并将技术跟踪服务纳入成员绩效工资考评，及时处理、反馈生产中遇到的实际问题，让成员和周边菇农安心开展生产经营活动。依托技术跟踪服务，物联网系统在生产基地和菌菇大棚得以应用，带动了食用菌生产智能化、过程信息化、产业标准化、产品安全化，大大提高了食用菌生产的经济效益。

## 四、创设"保"的机制，提供终端市场对接服务

合作社利用新媒体注重与外界的信息互通，及时了解行业动态和产品信息，拓宽产品销售渠道，提升产品市场竞争力。合作社成员和服务区域内的菇农所生产的鲜菇，经由合作社培训的经纪人负责销售。如遇鲜货市场饱和或价格低于保护价情况，经三分之二以上经纪人反馈，合作社核实无误后，即启动应急机制，以保护价统一回收。这种保底机制，通过产供销一体化服务，有效提升了成员和周边菇农对市场风险的抵御能力，提高了他们的生产积极性。

合作社提供的社会化服务有力促进了当地食用菌产业快速发展。一是降低了生产成本。合作社通过生产物资集中采购和食用菌菌包代加工，有效降低了生产成本。二是提高了经济效益。通过合作社标准化生产的辐射带动和有针对性的跟踪指导，菇农生产效益大大提高。三是提供了就业渠道。通过先行接受服务的菇农示范带动，镇上外出打工的农民和平时闲散人员不断

加入到食用菌生产队伍中，实现了在家门口就业。**四是促进了产业发展**。通过合作社的引领带动，食用菌成为当地农业的主导产业。目前，全镇已有2 000多户农民种植菌菇，建有菌菇生产大棚500多栋，种植面积超过1 800亩，年产量达2万吨，年产值超2亿元。

山东省阳信县人民政府

# 农牧循环社会化服务
# 助力做好"牛"文章

标准化养殖场为养殖户提供托管服务

　　阳信县地处山东省北部平原的黄河三角洲高效生态经济区中心地带，是全国优质麦生产基地县，优良畜种鲁西黄牛、渤海黑牛的主产区，是华北地区最大的肉牛养殖加工集散地。近年来，阳信县以农业社会化服务推动种植、养殖产业融合，带动小农户参与肉牛产业发展，打造完整的肉牛产业链条，形成了农牧循环社会化服务体系，在推动小农户有机衔接现代农业、加快肉牛产业高质量发展等方面发挥了突出作用。

## 一、立足养牛有场所，创新肉牛繁育服务

为了让养殖户有牛养、有地养，阳信县积极探索政府引导和企业主导的托管模式。一是由当地国有公司建设标准化养殖小区，养殖户每年交付400元/头租赁费入区自主管理，小区提供防疫、饲料、粪污处理、保险等服务。目前，已建成3处标准化养殖小区，吸引150余户养殖户"退村入区"，复垦耕地800多亩。该模式与家庭养殖相比，可帮助养殖户节省厂房费、设备费、饲料费、粪污运输费等，平均每头牛减少养殖成本750元/年。二是由养殖户委托肉牛公司代购并进行专业托管。温店镇农户与当地企业签订托管服务协议，企业负责肉牛采购、育肥管理、疫病防控、粪污处理和销售等全部环节，肉牛出栏后，在保底体重基础上，按照体重增量收取服务费用。根据每头肉牛成本1.7万元、4个月养殖周期出栏计算，该模式下农户大约可获得利润2 000元/头。这种模式实现了肉牛养殖的全过程管理，使农户规避了养殖技术、疫病等风险，当地肉牛养殖规模比重由58%提升至70%。

## 二、立足买牛有资金，创新贷款保险服务

阳信县积极引导龙头企业与农业信贷担保公司、银行、保险等机构合作，推广"鲁担惠农贷""肉牛活体贷"等特色养殖贷款，开发了"金牛贷""银牛贷"等19款特色贷款产品，截至2023年，全县肉牛养殖贷款余额达19.2亿元，肉牛保险保费1 100万元。**一是将贷款期限主动匹配繁育周期。**4家银行与肉牛公司合作开展"养母繁犊"业务，为37户养殖户发放贷款1.1亿元，并将还款时间延长至3年，确保贷款期限与生产经营周期匹配。**二是将授信额度主动匹配担保额度。**山东省农业发展信贷担保有限责任公司为养殖户提供"养母繁犊"担保服务，总授信额度3亿元。银行按每头母牛3万元为养殖户提供保证金贷款，并将贷款打入肉牛公司账户。养殖户将母牛交还后，保证金退还养殖户用于归还贷款或重新更换母牛。**三是将赔偿力度主动匹配风险程度。**通过多部门联合上门办理，农户只需提供身份证、银行

卡等资料，就可为成龄半年以上的牛参保。一旦出现牛只死亡，养殖户每头牛可获赔2.6万元，大大降低了肉牛养殖风险。

## 三、立足喂牛有好料，创新青贮饲料服务

阳信县肉牛养殖每年需秸秆饲料至少100万吨，为解决秸秆饲料供给难题、提高农户种植效益，阳信县在保障粮食安全前提下拓展青贮饲料项目，引进先进品种和种植模式，通过社会化服务机制创新，带动农户发展青贮玉米种植，为畜禽带来优质"口粮"。山东五征集团与农户合作，为青贮玉米种植、加工等环节提供优惠机械服务，农户按照企业要求种植青贮玉米品种，并由企业按每吨高出市场价200元回购加工饲料。借箭牛业公司以订单模式委托合作社按照要求开展青贮玉米种植，并由合作社集中回收、加工、储运到规定地点，双方根据约定统一结算。

## 四、立足防疫有人员，创新兽医防疫服务

阳信县积极创新兽医社会化服务机制，破解基层兽医人员短缺、防疫诊疗水平偏低等问题。**一是构建基层防疫服务体系**。保留镇畜牧站并推进其标准化建设，通过增加编制、委托招聘等方式，建立由84名全职防疫员组成的村级防疫队伍，实行网格化和数字化管理，将动物强制免疫防疫服务拓展为5类16项兽医公益性服务。**二是强化兽医服务保障**。坚持动物防疫服务经费足额纳入财政预算，通过"先打后补"、开放部分动物疫病检测业务、完善病死畜禽无害化处理补贴等政策，引导企业、行业协会、合作社等参与养殖、屠宰、流通等动物及动物产品全链条兽医服务，"先打后补"占比超过80%，兽医服务实现全覆盖。**三是加强疫病检测服务**。在牛智谷大数据科创中心投资871万元，建设动物疫病检测兽医实验室，为全县养殖场户、屠宰加工企业乃至周边地区提供动物疫病诊断服务。

## 五、立足牛粪有价值，创新粪污处理服务

阳信县通过推动畜禽粪污统一收集、专业运输、定点消纳、集中处理等社会化服务，有效破解了畜禽粪污乱堆乱放、污染土壤空气河道、影响人居环境的难题。**一是构建畜禽粪污收储体系。** 争取项目资金6 000万元，整县推进粪污资源化利用，设置收储运站11个，建设沼液池2座、粪污收纳池1座，定制全封闭式罐体的自动化粪污运输车，实现"村收集、镇运输、企处理"的一体化畜禽粪污收储转运。**二是培育畜禽粪污处理主体。** 先后培育有机肥生产企业16家，年可利用畜禽粪污120万吨，加工有机肥40万吨。中国广核集团有限公司投资2亿元建设农村可再生资源综合开发利用项目，日消耗牛粪625吨，生产有机肥150吨、天然气1万立方米、沼液600吨，真正实现了畜禽粪污能处理、能利用。同时，铺设沼液管道直达万亩梨园，有效提升了梨果品质；沼液就近还田4万亩，每亩可节省化肥、农药费用110元，亩均增产15%～20%，实现了种养融合高效发展。

## 湖北省枝江市农业农村局
# 农服强农风正劲　惟实励新再奋蹄

枝江市始终把解决好"三农"问题作为重中之重，围绕米、果、菜、猪、牛、鱼六大产业，以农业社会化服务为重要抓手，聚焦生产薄弱环节，探索服务模式，拓展服务领域，强化行业指导，加快构建涵盖生产、科技、金融、销售等在内的全产业链社会化服务体系，加速实现小农户和现代农业有机衔接。2022年，全市有各类社会化服务组织417家，服务领域覆盖粮油、畜牧、水产等各产业，服务面积119万亩次，服务带动小农户5.9万户。

## 一、精准施策，农服惠农务实笃行

一是重保障，为试点创新"定锚"。作为全国农业社会化服务创新试点单位，枝江市制定印发了《农业社会化服务创新试点实施方案（2022—2024年）》，与湖北省农业科学院合作建立揭榜制，由服务主体提出需求，农业科技专家给出解决方案，通过整合利用技术人才、科技资源，着力解决农业技术和产业发展的制约难题。二是定标准，为服务农户"掌舵"。枝江市探索制定农业社会化服务行业标准，制定了《枝江市农业生产社会化服务质量标准及规范》，明确小麦和玉米机械播种、水稻机插秧、统防统治等服务环节的作业质量及相关技术操作规程。发布各服务环节的指导价格并进行监测，加强行业自律规范，形成有序竞争的市场环境。通过实施标准化服务，帮助小农户实现了增产增效，采取机插秧服务的田块平均亩产比人工移栽增产5%左右，插秧成本降低12.5%。

## 二、靶向发力，农服助农质效并举

一是扶强增动力，提升服务品质。以粮食产业机械化薄弱环节为突破口，积极指导服务组织应用新技术新装备，引进水稻履带式旋耕机，有效解决轮式机造成的水田有深坑不平整的问题；引进水稻育秧播种流水线5条，建成水稻集中育秧服务中心5个，并在问安、董市、仙女和安福寺等镇建立水稻生产全程机械化技术示范基地5 000亩以上。二是联农提效力，强化销售服务。印发《枝江市产业帮扶联农带农机制试点工作实施方案》，推广"园区＋新型农业经营主体＋农户"订单农业模式，做大做强产业园区，就地消化农产品，确保农产品有人要；培优育强新型农业经营主体，就近收购农产品，确保农产品有人收。截至2023年，全市建有宜昌（安福寺）食品工业园1个，年消化本地柑橘、脐橙、淡水鱼、小龙虾等农产品10万吨以上。

## 三、创新示范，农服兴农百花齐放

一是推广"龙头企业＋"服务机制。以中化现代农业有限公司为龙头，建立MAP（现代农业平台）产业联合体，构建粮食产业"龙头企业＋村集体＋合作社＋家庭农场＋小农户"的示范服务体系，开展品种筛选试验、农机农艺试验、土壤营养试验、植保试验、品质提升试验，重点打造高产优质样板田，为农户提供技术培训、田间指导、订单对接等全要素、全链条、全流程的农业生产和技术服务。目前，全市已建成1个市级MAP技术服务中心、4个镇级MAP服务站、1 300亩MAP试验农场和24个MAP产业联合体，通过托管模式，构建种植、加工、服务、销售于一体的全产业链模式。

二是创新"村集体＋"服务模式。枝江市充分发挥村集体居间功能，推行"村集体经济组织＋服务组织＋小农户"服务模式，由村集体整合本村分散的农业机械、农机手、技术人才等资源，围绕"耕、种、管、收、购、销"等生产环节需要，采取自我服务和购买服务相结合的方式，开展单环节或多环节托管服务。2022年，遴选30个试点村，由村集体与小农户和服务主体分别签订服务合同，明确种植面积、种植品种、服务环节、收费标准、服务质量等内容，共享社会化服务收益，实现服务主体壮大、村集体增收、小农户受益。

三是拓展"多产业＋"服务领域。在畜禽产业上，将沼液肥田间施用环节纳入农业社会化服务项目予以支持，有效解决规模养殖场和散养农户养殖粪污污染问题，实现绿色种养循环。目前已有68家经营主体签订了粪污收集处理、粪肥施用技术服务合同，为60个村185户施用沼液肥4.6万吨，服务面积2.3万亩。在柑橘产业上，建立专业化服务队伍，制定规范化操作流程，为小农户提供农资供应、肥水管理、病虫防控、修枝剪枝、技术指导、机械作业、采果销售等"七统一"的社会化服务。在水产产业上，探索开展大口黑鲈全程服务模式，为有养殖意愿的小农户提供苗种选育、养殖管理、饲料用药、成鱼销售等全程技术支持，有效带动特色水产养殖500亩以上。

## 湖南省永州市回龙圩管理区管委会
# 创新"平台＋服务"模式
# 做好柑橘土特产文章

湖南省永州市回龙圩管理区原系湖南省国营回龙圩农场，位于国家柑橘优势区划的赣南—湘南—桂北柑橘带。全区总面积107平方千米，有标准化橘园10万亩，柑橘种植户5 013户。近年来，管理区从解决橘农反映的主要问题入手，打造区域创新平台，汇集各类服务主体，为橘农提供专业化服务，促进柑橘产业高质量发展。

## 一、聚焦突出问题，梳理服务项目

在大量调查研究的基础上，管理区梳理出柑橘产业3大类16个主要问题，逐一制定综合服务解决方案，形成16个菜单式服务项目。**一是注重高水平安全**。黄龙病是橘农关注的焦点难点，管理区在黄龙病治理上，大力推广无病毒苗木、网式大棚、测土配方、增施有机肥等措施。与此同时，将无病毒苗木、网式大棚、土壤改良、测土配方、增施有机肥等5个安全类服务项目作为"必选菜单"。2023年以来，管理区购买无病毒种苗40余万株，每株补贴5元，共计200余万元；对于建设网式大棚使用担保贷款的，给予全额贷款贴息，使用自筹资金的给予900元/亩补贴；免费为4 012户提供测土配方服务7.89万亩；帮助2 506户集中采购有机肥。**二是注重标准化生产**。严格遵循《中华人民共和国农产品地理标志质量控制技术规范》，向农户提供数字果园、技术培训、科学修剪、分级采果、分选包装等5个生产类服务项目。2020年以来，为1 501户橘农提供贴息贷款，建设数字化果园；与中国柑橘研究所等机构合作，开展技术培训15次，培训橘农1.8万人次；为区外橘农提供技术服务6 000余人次，年服务收入近1.5亿元；在区外承包土地种橘4万余亩；销售国家地理标志产品（迥峰蜜柑）106万箱，为农民增收795万元。**三是注重配套性建设。**加强水资源保障、金融服务、农资服务、仓储物流、产品销售、品牌推介等6个服务项目建设，有效破解橘农做不了、做不好的共性难题，实现更大范围的服务资源整合、供需有效对接，促进资源集约、节约和高效利用。

## 二、聚焦服务项目，培育服务主体

管理区在梳理16个服务项目的基础上，整合政府、市场、社会各方力量，千方百计解决好"谁来服务"的问题。**一是打造区域平台。**管理区以中国农垦集团有限公司为主体建立了综合服务中心平台，为橘农开展服务，对接市场需求，组织质量安全检测，开展柑橘精深加工、产品开发、品牌打造及产品营销，并通过签订框架协议、政企合作等多种购买服务方式，为橘农提供技术培训、测土配方、品牌推广等公益性服务。**二是汇集服务主体。**平台面向橘农需求，对准16个服务项目，引进和培育N个服务主体，不断健全社会化服务体系。自2020年以来，共引进和培育销售企业15家，村集体经济组织11家，合作社23家，专业户28家，金融机构2家，其他社会化服务组织17家。**三是加强政策扶持。**管理区积极出台支持政策，对服务质量好的服务主体予以支持。构建农业信贷担保体系，着力解决社会化服务组织等经营主体贷款难、融资贵问题。截至2023年，通过"农担贷"助力服务主体融资500余万元。

## 三、聚焦服务主体，提升服务质量

管理区按照政府搭台、平台公司牵头、多元服务主体参加的工作思路，充分调动各方积极性，为农户提供更优质的服务。**一是服务选择自主化。**平台列出了16个服务项目菜单，向橘农提供网络点单式服务。橘农点开每个项目，至少有3个以上的服务主体供其选择，每个服务主体至少提供4种以上不同价格的服务选项。在服务选项中，橘农可自由选择服务主体、服务内容与服务价格，一键点击即可发送至平台，由服务主体接单。**二是服务主体专业化**。管理区全面推进服务质量、服务价格、服务主体信用等行业管理制度建设，积极推行"约定有合同、内容有标准、过程有记录、质量有追溯、结果有奖惩"的管理模式，倒逼服务主体提升专业化水平。**三是服务价格透明化**。在实施市场供需决定服务价格的同时，行业主管部门加强对服务价格的指导与监督，引导服务组织合理确定服务价格并明码标价，防止个别服务组织形成价格垄断，产生价格欺诈，切实保障橘农利益不受损害。**四是服务方式数字化**。平台公司统一建设柑橘产业大脑App，设计了全景分析等7个子场景，橘农可由此获取生产、销售、金融、菜单式服务等信息，实现更大范围、更深层次的服务供给与需求线上对接。平台公司拟带动橘农用2～3年时间，完成数字化果园建设。截至目前，已安装产业大脑App客户端的用户有3 987户。

## 四、取得的成效

管理区从解决橘农反映的突出问题入手，按照梳理服务项目—培育服务主体—提升服务质量的工作思路，创新"平台+服务"模式，做好柑橘土特产文章，有力破解了柑橘发展难题，激活了市场主体，增加了橘农收益。**一是破解了发展难题**。通过提供专业化服务，着力解决橘农一家一户干不了、干不好、干起来不划算的事，激发了橘农的生产积极性，转变了橘农的生产经营方式，促进了农业转型升级，以服务过程的现代化推动产业现代化，走出了一条橘农与现代农业相衔接的高质量发展之路。**二是激活了市场主体**。针对新的市场环境、新的技术条件、新的营销手段，充分发挥农民合作社、家庭农场、服务企业等各类市场主体的优势和特长，推动其各尽所能、共同发展，构建了组织结构合理、专业水平较高、服务能力较强、服务行为规范、全产业链覆盖的农业社会化服务体系。三是增加了橘农收益。"平台＋服务"新模式的构建，让橘农在联结市场主体、组织生产、销售产品的过程中获取收益，让橘农在"跟着走""主动学"的过程中分享产业链增值收益，提升了橘农抵御市场风险的能力，使橘农与各类市场主体形成了紧密的利益联结共同体。

**宁夏平罗县盈丰植保专业合作社**

# 做好社会化服务　当好农民"田保姆"

服务主体开展新品种新技术观摩

平罗县盈丰植保专业合作社主要为农户提供农作物种植、病虫草害专业防治、农产品流通、农资经营、农业信息咨询等社会化服务。近年来，合作社不断完善服务设施，提升服务能力，强化质量管控，健全联农带农机制，为农民当好"田保姆"，带动小农户成为发展现代农业的积极参与者和直接受益者，有效促进了农业增效和农民增收。

## 一、完善服务设施

合作社先后建成了农民田间学校、农业社会化综合服务站、植保防控大队等机构，以及冷链保鲜车间、农资超市、农产品展示大厅、农产品收购大棚、物联网监控系统等设施。植保大队现有防控队员30人，大型拖拉机及智能测土配方施肥机、植保机、番茄分选机等机械50多台（套），机动喷雾器80台，具备了较强的技术培训、农资供应、配方施肥、统防统治、收购销售等服务能力。2022年，合作社服务面积达7.3万亩，其中农机作业2.2万亩，配方施肥1.2万亩，统防统治3.9万亩，培训各类农村实用人才2 000余人，年购销蔬菜3 000多万吨。

## 二、提升服务能力

一是开展培训和信息服务。依托农民田间学校，邀请自治区农科院、县农技中心有关专家在线上提供培训和信息咨询服务，线下提供现场教学和指导服务，有效提升了农民的科学种田水平。二是开展良种良法良机统一服务。为农户统一提供优质种子、种苗和农资，统一开展测土配方施肥和病虫草害统防统治等服务。同时，利用合作社的大型农业机械，整合周边农机装备，形成规模化服务能力，为农户开展统一整田、耕种、收获、深松和秸秆打包等服务。三是开展农产品营销服务。合作社积极开拓市场，注册"盈夏红"越夏番茄商标，与北京、天津、上海等地80多家客商建立业务联系，与农户签订购销合同，统一包装、统一品牌、统一运销，解决了农户的卖难问题。

## 三、强化质量管控

一是加强技能培训。针对新品种新技术示范推广、先进农机应用等，加强对合作社服务人员的生产技术和实操技能培训，提升其技术水平，从源头上保证服务质量。二是实行"双协议"绩效管理。合作社与服务人员签订服务责任协议书，明确服务面积、质量要求、绩效评价及奖惩办法，根据服务面积、服务质量及绩效评价结果兑现工资和绩效奖励。与服务农户签订服务协议，明确服务价格、服务质量标准和服务费用支付办法，根据服务面积、服务质量和群众满意度收取服务费用。**三是加强全过程质量监控。**合作社负责从服务村队中挑选责任心强的服务对象代表担任专职质量监管员，由其全程现场进行质量监督，发现问题及时反映，合作社及时研究整改，确保将质量问题解决在萌芽状态。**四是严格评估验收。**合作社聘请村队干部、服务对象代表、合作社监督员组成评估验收小组，该小组采取现场调查、走访农户、查验资料等方式，对服务面积、服务质量和群众满意度进行评估，评估验收结果作为兑现服务人员绩效工资和收取服务费的依据。对服务对象满意度达不到80%的，扣减服务人员绩效工资，并按比例减免农户服务费，有力保障了农户的权益。

## 四、取得的成效

一是促进了产业发展。通过良种良法良机的统一推广和应用，提高了蔬菜的种植技术水平，提升了产品的品质。合作社辐射带动全县5 000多户农户发展越夏番茄等优质蔬菜，种植面积达3万多亩。**二是降低了生产成本。**通过社会化服务，平均每亩可降低综合成本100～150元。其中，种子种苗及化肥农药等农资统一采购，价格较市场价低5%左右；实施配方施肥和统防统治，每亩节省肥料和农药费用50元左右；实行统一机械化作业，增加了农机有效工作时间，降低了油料成本，亩均节省成本10%～15%。**三是提升了产品竞争力。**通过统一品牌、统一包装、统一运销等服务，创建品种优、技术优、管理优、品质优、价格优的"五优"蔬菜生产基地，有效提升了产品的市场竞争力和综合效益。

# 中国农业银行股份有限公司青岛市分行
# 定制农业生产托管金融产品
# 打造"政金企社农"融合服务模式

"琴岛·托管贷"是由中国农业银行股份有限公司青岛市分行（以下简称农业银行青岛分行）联合青岛市农业农村局（以下简称农业农村局）、青岛市农业融资担保有限责任公司（以下简称农担公司）共同推出，面向青岛地区农业社会化服务组织发放的，用于满足借款人从事农业生产托管服务相关资金需求的贷款。"琴岛·托管贷"于2022年4月试点开办，7月正式发布，取得了良好成效。截至2023年，累计投放贷款金额达7.12亿元，支持各类农业社会化服务组织231家，涉及托管服务面积近50万亩，惠及农户5万余户，赢得了客户的一致肯定。

## 一、设立专属信贷产品

为解决服务主体融资难题，农业银行青岛分行、农业农村局、农担公司联合创新推出"琴岛·托管贷"产品。贷款支持对象包括家庭农场、农民合作社、农村集体经济组织、农业专业服务公司等农业社会化服务组织。贷款额度不超过借款人从事农业生产托管服务日常周转资金投入和服务设施建设、设备购置投入总成本的70%。针对不同用途，可采取一般方式或可循环方式，日常周转资金贷款期限不超过3年，服务设施建设和设备购置贷款期限最长不超过10年。

## 二、优化组织形式

"琴岛·托管贷"建立起"政府＋金融机构＋服务主体＋新型农业经营主体＋农户"的"政金企社农"融合服务模式，形成政府出政策、金融机构出资金、服务主体出技术、新型农业经营主体与农户享便利的高效组织形式，实现了服务资源有效整合，促进了金融机构、企业、合作社、农民优势互补、共同发展。

## 三、提高产品适配性

"琴岛·托管贷"的支持对象涵盖面广，贷款用途多。农业银行青岛分行针对家庭农场、农民合作社、农村集体经济组织、农业专业服务公司等各类服务主体的差异，创新推出对公、对个人领域融资适配的信贷产品，既能满足采购农资、支付工资等日常流动资金需求，又能满足设施建设、农机购置等固定资产投资需要。

## 四、创新担保授信方式

一是建立政府增信机制，拓宽担保渠道。由农担公司提供担保服务，单笔最高至1 000万元，担保费率不超过0.7%；贷款用于粮食、油料种植类及种业发展的，担保费率不超过0.4%，低于商业担保1～2个百分点。二是扩大抵押物范围。将农业播种机、收割机等专用型设备纳入抵押物范围。三是扩大授信范围。将服务组织已签订的托管协议纳入授信依据。四是降低融资成本。客户可享受农业银行优惠利率，融资成本远低于市场平均水平，农户贷款利率最低可至3.45%。五是实现纯信用放款。小微农业专业服务公司、农民合作社、家庭农场等普惠类经营主体，最高可享受300万元以下的免抵押、免担保、纯线上信用贷款。

## 五、缩短服务时限

一方面，农业银行青岛分行、农担公司开通绿色审批通道，对需求迫切、质量较高的贷款申请，限时3个工作日内完成审核放款，提升了金融服务的便捷性、可及性。另一方面，在银行端，实现资金随借随还，5年内可自主循环，手机操作，1秒到账，适应了托管服务季节性波动大的融资特点，减少了无效资金占用。

# 第三部分

## 建设综合服务平台

北京沃德博创信息科技有限公司

# 打造线上线下一体化智慧服务平台
# 引领蛋鸡产业数字化智能化升级发展

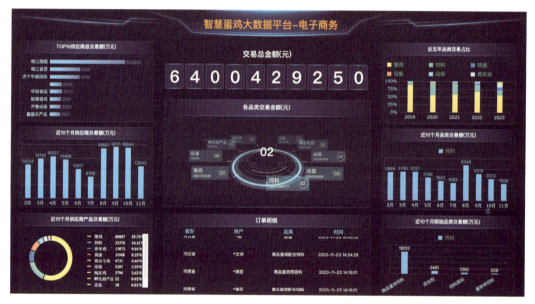

智慧蛋鸡大数据平台

　　北京沃德博创信息科技有限公司成立于2015年，是一家运用互联网和信息化技术服务家禽行业的高科技平台公司。公司拥有国内家禽行业信息化领域从顶层战略设计到落地实施、推广运营的专业团队，打造了首个"蛋鸡＋互联网"的智慧蛋鸡数字平台。公司秉承先进性、兼容性、延展性、安全性、高效性建设理念，专注于开展家禽全产业链服务，已经形成育种、养殖、营销、财务管理等一系列服务产品，取得了37项软件著作权和8项发明专利。公司通过线上智慧蛋鸡平台和线下流动蛋鸡超市一体化服务，实现农业社会化服务的专业化、标准化、高效化，帮助蛋鸡养殖户增产增收。目前，平台注册用户数超过19万，覆盖核心养殖场（户）超过7万家。

## 一、以智慧蛋鸡数字平台为支撑，提供线上智能化集成服务，实现养殖场"快乐养鸡、轻松买卖"

智慧蛋鸡App作为智慧蛋鸡产业互联网平台门户系统，以"汇资讯、会养鸡、惠交易、惠成员"为主架构，涵盖行业资讯、市场行情、热点话题、养殖预案、生产统计、智慧兽医、蛋鸡商城、智慧超市、峪禽教育九大核心功能，为全国蛋鸡养殖场（户）提供所需的信息服务、技术服务和交易服务。十大数字化养殖场景帮助养殖场（户）"科学养、标准记、智能诊、精准测、随时学、便捷买卖"，一站式解决蛋鸡养殖各环节的痛点和难点，助力实现快乐养鸡、轻松买卖。

一是提供"一场一策"定制化养殖预案，实现"标准养"。平台集合蛋鸡养殖专家、饲养营养专家和疫病防治专家，共同梳理养殖过程的关键点，构建饲养、营养和防疫三大环节的养殖预案模型，其中涵盖33个技术要点、495万条养殖参数，能够根据养殖场（户）所处地域、季节、品种、日龄差异，为其提供"一场一策"定制化服务。当养殖场线上购入1日龄雏鸡时，系统会自动形成专属预案，详细展示鸡群1～80周的养殖要点，包括生产指标、环境参数、饲养准则、营养标准、疫病防控五个方面，并且进行每日推送，让养殖场（户）科学规范养鸡。系统上线至今，已有全国31个省份约2.8万个养殖场（户）享受到养殖预案服务，定制预案量达7.4万套，要点推送量超3 700万次。

二是提供7×24小时在线服务，实现"智能诊"。平台联合北京农林科学院、中国农业大学、中国农业科学院哈尔滨兽医研究所和峪口禽业，采用人工智能、大数据技术，模拟兽医的诊断行为，联袂打造蛋鸡疾病诊断系统，实现38种鸡群常发疾病的智能诊断，打破时间和空间限制，24小时高效在线服务。用户仅需对照鸡群进行症状筛选，平台会及时给出诊断结果和治疗方案。目前，已有近4万养殖场（户）持续使用该服务，疾病诊断数量超过16万条，诊断结果准确率达98％以上，满意度达96％，实现了"早预防、早发现、早诊断、早治疗"，将疾病消灭在萌芽状态，最大程度降低养殖风险，提高养殖收益。

三是打造线上交易平台，实现"及时销"。平台以线上交易为核心，打通"农资下乡和农产进城"的双向流通渠道，将传统的蛋鸡行业商务流程信息化、数字化。目前，蛋鸡商城平台入驻商家380多家，累计服务用户超过4万个，平台交易额达57.2亿元。安徽萧县的一位蛋鸡养殖场老板在蛋鸡商城开店，线上交易额仅半年就突破1 000万元。

## 二、以流动蛋鸡超市为主体，提供线下"最后一公里"服务，帮助产品送货上门，技术服务到家

流动蛋鸡超市链接农资供需两端，开展蛋鸡产业线下综合服务，实现高科技产品（雏鸡、饲料、动物保护）和技术服务（鸡群免疫、抗体检测、环境检测、饲料营养检测）送货上门。一是高科技产品送货上门。利用线上订单数据，结合养殖场（户）地域等特点，合理高效地安排运维资源，方便快捷地为客户组织所需要的生产资料，做到物流配送快速、精准、透明，实现"最后一公里"配送服务。二是技术服务配送到家。流动蛋鸡超市组建了五星级免疫队、检化验员和坐堂兽医等专业服务队伍，根据养殖场（户）需求，为鸡群提供全程五星级免疫服务，适时为养殖场（户）提供饲料原料及自配成品料的营养检测和禽流感、新城疫、传支、法氏囊等抗体监测，以及鸡舍的微生物检测服务，让养殖户由凭经验养鸡转为科学养鸡。截至2023年，已建立流动蛋鸡超市400余家，培养专业服务人员3 000名，累计服务蛋鸡存栏超6亿只，培育高素质农民9万多名，为3万多个养殖场（户）提供服务。

## 三、以产业链金融为媒介，提供线上便捷贷款服务，缓解中小企业融资困难

平台依托中小微企业的优惠贷款及国家惠农支农政策，与中国建设银行、网商银行联合开发了线上贷款产品"裕农快贷"和"采购贷"，为养殖场（户）、中小客户服务组织提供线上贷款服务。以平台中沉淀的大量数据资源为担保依据，根据用户交易的金额和交易频次，结合用户个人信用，快速评估授信额度，将"交易数据"变"资产"，为养殖场（户）和金融保险机构搭建桥梁，帮助其解决金融难题、降低养殖风险。截至2023年，银行通过平台累计向39个养殖场（户）发放贷款3 000余万元，有效满足了蛋鸡生产经营主体的资金需求。

# 数字引领　平台赋能
# 推进农业社会化服务加快发展

桓台县现代农业服务中心

山东省桓台县是全国闻名的"吨粮首县"。近年来，桓台县先后引入中化先正达集团、淄博农发凯盛智慧农业发展有限公司等服务主体，搭建数字农业服务平台，创新服务模式，延展服务链条，推进农业社会化服务加快发展，有效突破传统农业"零碎化""单打独斗"的瓶颈，有力促进了小农户和现代农业发展有机衔接。

## 一、搭建全产业链服务平台，提升社会化服务能力

**一是集成主体信息，提高对接效率。**中化现代农业（桓台）技术服务中心通过打造数字化平台，集成了全县地块、农机、种粮大户等各类信息。平台上，24个社会化服务组织的注册信息、组织机构、动态位置、农机具类型、作业环节一目了然，590个农民合作社、705个家庭农场、265个种粮大户的登记信息、作物类型、耕地亩数、地块位置准确有序。数字化平台打通了种植主体和服务主体的通道，实现了服务供需信息线上有效对接。

**二是集成作业信息，提升服务效能。**目前，数字化平台累计完成6个镇、232个村的地块基础数据采集，上线地块面积21.78万亩。根据这些信息，平台可提供标准化种植指导，实现农技服务预约、数字金融、智能农机等13个核心应用场景。与数字化平台并行的桓农宝App开发了"智能农机"板块，为农机设备植入"农机盒子"，可实时获取作业位置、地块、面积，大大提高了农机作业服务效率。

**三是集成名录白名单，提高规范化水平。**服务组织被纳入平台进行管理后，村集体经济组织或种粮农户利用桓农宝App可线上查看价格公示、服务组织信息，实现择优服务下单、订单跟踪和效果评价，并可根据服务质量进行"点赞"或"差评"。连续获得认可的服务组织将被纳入"白名单"，以降低种植户的选择成本，倒逼服务主体提升服务质量。

## 二、聚焦生产关键薄弱环节，强化服务供给保障

**一是对关键环节实现政府兜底。**作物种植管理环节做到"三统一"：首先，统一供种。县财政安排专项资金用于小麦统一供种，每年供种面积25万亩以上，实现了优良品种全覆盖。其次，统一测土配方施肥。桓台县根据土壤养分检测结果和作物需肥规律，制定小麦和玉米配方肥配方并向社会发布；组织中化先正达集团、淄博博信农业科技有限公司（以下简称博信公司）建立配肥点，开展精准配肥服务，减少肥料用量，降低生产成本。最

后，统一病虫害防治。开展小麦根病春季统防统治，控制小麦根病发生；整合资金开展小麦"一喷三防"作业，实现县域全覆盖；连续承担玉米"一防双减"项目，每年组织服务主体实施飞防作业10万亩。

二是对薄弱环节实行统一作业。针对小农户无法实现的精准播种、深耕深松等生产薄弱环节，桓台县整合大型拖拉机613台、深翻犁209台、深松机91台、免耕播种机245台、精播机1 449台、整地施肥播种机79台、小麦精量条播机12台、玉米气吸精量播种机16台，统一开展服务。全县深松、深翻整地25万余亩，打破了犁底层，提高了耕地质量。在仓储方面，形成了以中央储备粮淄博直属库、梨花面业、博信农业、种植大户等为主体的仓储服务队伍。在烘干方面，形成了以博信、农邦邦、科信合作社等为主体的烘干服务队伍。

## 三、优化社会化服务模式，确保实现良性竞争

桓台县探索了两种服务模式，二者既有交集又有竞争，促进了社会化服务市场的良性发展。

一是"企业＋合作社＋小农户"服务模式。比如，博信公司拥有烘干、仓储、无人植保机械、精准配肥等装备设施，先由农民合作社对农资进行统购，再由博信公司、合作社为小农户提供单环节或多环节托管服务。

二是"MAP＋"服务模式。如中化MAP中心与农民合作社开展以"关键技术服务＋农资"为切入点的托管服务，在粮食高产攻关、大豆玉米带状复合种植关键技术方面，做好"田保姆"服务；与农机合作社开展"现代农业技术服务＋农机"托管服务，联合为小农户、种粮大户、合作社等提供农技、农资、农机集成解决方案，实现农艺与农机服务一体化。

## 四、建设数字大田示范场景，发挥引领带动作用

一是打造数字大田示范农场。中化MAP中心通过流转土地，建设数字大田示范农场，围绕小麦、玉米全生育期开展数字化示范，充分发挥了"做

给农民看"的示范带动作用。数字大田示范农场的高产优质样板田和品质提升、品种筛选、土壤营养、植保及农机农艺等试验示范，为现代农业技术加快推广应用提供了可借鉴样板，推动了"良种＋良法"的配套落地。

二是数字赋能促进社会化服务升级。在生产托管方面，由中化MAP中心制定科学种植管理方案，提供品种检测、测土配肥、植保及农业培训等全程服务。在打通产业链方面，补齐粮食烘干、仓储、加工、销售短板，帮助农民颗粒归仓，卖出好价钱。在金融服务方面，针对小麦、玉米生产投入品，提供信用"农资贷"，实行4个月免息，有效解决了种植户的生产资金难题。

広东省深圳市五谷网络科技有限公司

# 打造全链条、数智化、平台式
# 农业社会化服务新模式

深圳市五谷网络科技有限公司（以下简称五谷网络公司）成立于2014年，拥有农资商城、智慧农业、生产托管三大业务板块。近年来，公司着力从生产环节降成本、管理环节提效率入手，利用新技术、新手段提供集约高效的智慧农业综合解决方案和全链条支撑管理服务。目前，公司业务覆盖全国18个省份，124万个农业生产基地（农场），1 000多万户农户和超1亿亩耕地，帮助农民提高超过15%的综合收益，公司连续三年营业收入超1.5亿元。

## 一、构建全产业链服务体系，促进生产降本增效

一是建立产前农资供应网络，降低农资采购成本。公司升级打造"大丰收农服平台"，与先正达（中国）投资有限公司、成都云图控股股份有限公司等100多家农资厂商合作，通过集中采购农资降低成本。平台为农户免费提供作物专家问诊、农事方案智能在线生成、兑水计算、农资真伪查询等服务，帮助农户科学选择农资产品，让农户放心买、放心用、懂得用、用得好。截至2023年，公司在全国范围内累计服务农户达200万户，成交额超6亿元。越来越多的农户通过平台享受到优质低价的农资产品和专业高效的技术服务，实现了节本增效。

二是打造产中标准化技术解决方案，实现集约高效生产。公司针对不同

地区、不同作物，建立了不同的标准化技术体系。针对大田作物，打造了玉米、水稻、马铃薯的栽植和田间管理方案；针对经济作物，开发了柑橘、荔枝、龙眼、火龙果、葡萄的种植方案。从作物管理技术、异常现象及精准对策等方面制定标准化指引，构建标准化作物生产技术解决方案，推动农产品品质升级。如广东韶关久荣农业公司委托五谷网络公司提供技术托管服务，全程采用五谷网络公司的种植方案和农资产品，仅半年左右时间，其病虫害就得到有效防治，柑橘产量和品质大幅提升，年收入同比增长10%。

三是构建产后订单化收购体系，提高农户经营收益。在经济作物销售方面，公司与丰诚上品合作，为各大商超和电商平台直供优质农产品。如广州南沙卡尔森火龙果生产基地利用公司提供的销售渠道，实现了优质优价，与果商上门收购相比，售价提高5%以上。在粮食作物销售方面，公司建设烘干塔，提供烘干服务。同时，积极对接中粮集团、中国储备粮、中国供销粮油等收储公司，帮助农户提高售价1%～3%。

## 二、应用数字化智能化新技术，提升服务科技水平

一是推广病虫害识别软件，提高病虫害诊断精准度。公司开发了农作物病虫害识别软件——识农App供农户免费使用。借助人工智能技术，农户通过手机拍照识别即可诊断作物病虫害，并获得处置建议、推荐防护产品。目前，识农App日均活跃用户达50万人。

二是研发数智化田间管理工具，提高生产管理效率。基于长期积累的产业数据和农业丰产专家知识系统，公司研发了"数智丰农DAP管理系统"，将农业数智化综合服务平台应用于服务的地块，实现服务的数据驱动、智能分析与精准管理。如广州南沙卡尔森火龙果生产基地采用数智丰农管理系统中的模型进行智慧农业决策，预测火龙果自然批次的现蕾日期与实际情况最少仅差1天，并根据特征量计算每天补光时间，实现动态补光，节省电费成本，每年每百亩地可节约电费3万～6万元。

三是推出实用农事记录工具，实现生产全程溯源。公司开发了小程

序——农事记，农户可在小程序完整记录每个农事操作环节，包括时间、操作内容、用药量、稀释倍数等。同时，农户通过小程序可智能精确监控作物生长过程、病虫害类型以便正确用药。小程序操作简单、使用方便、随时可记，将用户信息在云端加密，确保信息安全。目前，小程序有注册用户37万，广受农户欢迎。

## 三、整合农业服务资源要素，带动农户增产增收

一是搭建线下农服团队，提高农业经营效益。公司培育了200多名"田间医生"，常年在田间地头实时为农户解决病虫害防治、农事操作、营养植保等种植难题。如对于黑龙江牡丹江托管服务的万亩玉米基地，服务团队结合当地天气、土地情况，将黑土地保护性耕作、"大垄种植＋多次深松"等新技术引入托管服务中，相较于农户种植，托管玉米基地平均每亩粮食产量提升18%，土壤肥力提升33%，肥料减量21%，成本节约24%，农民增收30%，成为当地标杆的优质玉米产区。

二是开展农民技术培训，提供农业人才支撑。公司通过线上线下相结合的方式开展培训，帮助农户提高种植技术水平。在线上，联合"天天学农线上农业教育平台"提供了超5万节课程，内容涵盖种植技术、经营管理、病虫害防治等，累计服务超600万人次。在线下，推出全国大型公益农技巡回讲堂活动——大丰收植保万里行，邀请农业专家现场帮助农户解决生产难题。目前，已在全国开展34场活动，惠及4 700人次。

三是整合服务组织资源，提升服务发展水平。为解决农业劳动力不足、人工成本过高等问题，公司整合修剪、施肥、飞防劳务队和收果商等资源，联合当地劳务组织开展服务，通过"技术服务＋劳务服务"相结合的方式，构建区域化劳务服务网络，有效降低了生产成本，提升了社会化服务水平。

■ 重庆市梁平区人民政府

■ **打造全流程数字化平台**
**提升社会化服务效能**

服务主体开展水稻统防统治

　　重庆市梁平区按照"建体系、壮产业、降成本"的要求，以"提质增效转方式、稳粮增收可持续"为目标，探索创新行业指导方式，建设全区农业社会化服务运营中心，创新"一区多元"服务中心带动模式，构建数字化派单服务模式，建立数字化全程监管机制，加快发展多元化、多层次、多类型的农业社会化服务。

## 一、建设"一区多元"数字化服务中心，保障全区服务体系高效运行

一是建设全区运营中心。建设全区农业社会化服务运营中心，兼具宣传展示、指导监管、农技服务等多项功能，促进服务组织间有效对接、耦合配套、协同发展。二是创新"一区多元"服务中心模式。以区级运营中心为核心，以信息化、数字化手段整合全区7个区域性农业综合服务中心，并以此为基点辐射带动周边乡镇农业社会化服务发展。三是构建政府监管大屏。在运营中心设置1块LED屏，录入全区所有服务组织、区域性农业综合服务中心位置，实时可视化展示全区所有农机具的作业轨迹、作业面积等，辅助管理决策和项目监管。

## 二、创建数字化派单服务模式，促进供需双方顺畅对接

一是完善社会化服务名录库。整合农资、生产、农机、农技、加工、储藏、销售、金融等农业社会化服务全产业链资源并将其纳入名录库管理，打造农业社会化服务管理平台，并实现与中国农业社会化服务平台数据共享。二是全流程线上对接。服务对象线上发布需求，服务组织在线接单并与其签订服务合同，实时上传服务记录；对于没有接单的服务需求，平台系统通过算法评估作业范围、作业地点及作业能力后派单给服务组织。服务完成后，服务对象可直接线上支付，也可采用微信、银行转账等其他方式支付并上传支付凭证，完成服务评价。三是搭建金融服务桥梁。开发金融服务子平台，搭建农户与银行、保险公司的沟通桥梁，为农户提供贷款担保和农业保险服务，打通线上服务通道，鼓励服务组织为农户集中购买保险，提升农户抗风险能力。四是整合农机服务资源。平台与重庆梁平农业集团发展有限公司合作，共享数据资源，实现农机资源的合理投放及利用，有效提高农业机械化服务效率和水平。

## 三、实施服务全流程数字化监管，发挥财政项目最大效益

一方面，建立数字化监管平台。梁平区充分利用移动互联网及物联网技术，对所有服务设备安装GPS定位，实现服务区域、服务面积、服务进度等数字化全过程监督。作业轨迹自动生成数据，作为补贴资金的重要依据。另一方面，建立全程监管机制。统一补贴标准不超过同期市场价格的30%，统一制作服务承诺书、服务合同、服务卡等示范文本。乡镇（街道）确定专人负责、全程监管，区级部门按比例抽查，大数据核查服务面积是否超过土地确权颁证面积。

## 四、取得的成效

梁平区通过打造全流程数字化服务平台，积极探索创新行业指导方式，加快推动农业社会化服务发展，取得了良好成效。一是创新了项目监管方式。通过农业社会化服务管理平台和数字化作业监管平台，直接线上对接需求、申报项目、签订合同、验收项目、拨付资金，实现社会化服务数字化指导监管，节约了项目实施、验收和报账过程中的人力成本和时间成本。二是助推了服务市场规范。根据服务面积、作业机具、服务评价等核算服务能力，以服务能力为主要参考依据指导安排作业任务，激励服务组织充分利用平台、提升服务能力、优化服务质量。三是促进了服务资源整合。通过区级运营中心、区域性综合服务中心及社会化服务管理平台，整合协调全区农资供应、技术集成、农机作业、产品烘干、仓储物流、农产品展销、金融保险等资源，提升了服务供给能力，实现了资源共享、互利共赢。

# 第四部分

## 构建服务体系

**江苏省东海县农业农村局**

# 创新推进县域农业社会化服务体系建设

江苏省东海县是全国粮食生产先进县、全国主要农作物生产全程机械化整体推进示范县。东海县在稳粮强农基础上，针对涉农服务组织化程度不高等突出问题，深入开展全国农业社会化服务创新试点工作，运用系统思维，整合各类资源，积极探索新模式、打造新标杆，构建具有东海特色、可复制易推广的"1＋M＋N"县域农业社会化服务体系，为促进农业增效、农民增收，服务乡村全面振兴提供了有效路径。

## 一、规划先行，构建服务体系

东海县坚持一体规划、分步实施，扬优展长、打造亮点，突破难点、带动全局，构建了具有县域特色的"1＋M＋N"农业社会化服务体系，引领支撑现代农业发展和乡村全面振兴。"1"是建设一体化农业社会化服务管理平台，平台涵盖智慧农机、种子、农药、化肥、新型经营主体、技术培训等板块，具备线上线下联动服务、农业大数据搜集和存储与应用、诚信评价、行业监管等功能。"M"是建设若干个区域综合社会化服务组织，为所在区域提供综合服务。"N"是建设若干个专业化服务组织，为各类生产经营主体提供专业化服务。

## 二、突出重点，推进强势破局

东海县围绕农业社会化服务体系建设，抓住关键，全面推进。一是面

# Apache Hadoop YARN: Resource Management and Job Scheduling

上重抓政策制定。出台《关于加快推进农业社会化服务发展的指导意见》等文件，明确思路目标、工作重点、支持政策，充分调动镇村和经营主体积极性，形成工作合力。二是点上重抓龙头培育。坚持主体多元、功能互补、竞争充分、融合发展的原则，稳步推进"1＋M＋N"服务体系县域内总体布局，加快培育综合性、专业性社会化服务组织，建成区域性综合农事服务中心12个（省级5个、市级7个），建成农业生产全程机械化示范基地20个（省级8个、市级12个），培育家庭农场、农民合作社示范场社142个（省级80个、市级62个），培育农业产业化龙头企业91个（省级15个、市级76个）。三是服务模式上重抓生产托管。借鉴推广中化MAP模式和东海农业发展集团有限公司等成功经验，推进服务带动型规模经营。坚定不移扶小助弱，将促进小农户融入现代农业、分享发展红利作为发展农业社会化服务的重中之重。坚持市场导向，以财政补助引导培育市场，重点支持社会化服务的关键和薄弱环节，为机插秧、统防统治等工作提供了有力支撑。创新实施免费生态犁耕等项目，为一揽子解决秸秆还田、土壤改良和农业面源污染等领域多重难题提供了有效方案。

## 三、整合资源，合力支撑发展

东海县围绕构建农业社会化服务体系总体目标，着力推进资源整合利用。一是整合资金。采取"向上争取、县内挖潜、市场化撬动"的办法，确保每年全县农业社会化服务体系与能力建设投入不低于3亿元，其中财政性资金投入不低于5 000万元。二是整合项目。坚持全县"一盘棋"，打破部门行业条条框框，推进农业农村、供销、水利、自然资源等部门联动，统筹安排中央财政专项、省全程全面机械化示范县、土地整理等重大项目，凡属指导性任务的，均向农业社会化服务领域倾斜，合力推进县域服务体系建设。

## 四、立足长效，完善管理机制

一是探索建立长效工作机制。统筹县乡、各条线力量，成立工作专班，由专人牵头，协调各方力量，形成工作合力。**二是加强诚信体系建设。**探索建立县级农业社会化服务组织名录库，强化服务组织动态监测，形成优胜劣汰的良性机制，促进行业自律。**三是建立健全服务标准。**推广使用示范合同文本，加强服务价格监测，强化行业指导，规范服务行为，保护农民权益。**四是成立社会化服务组织。**建成一批"约定有合同、服务有标准、节点有记录、技术有培训、产品有监管、质量有保证"的"六有"农业社会化服务组织。

## 五、取得的成效

东海县立足变革农业社会化服务机制模式，一体化推进"1＋M＋N"县域农业社会化服务体系建设，取得了明显成效。**一是实现了节本增效。**通过优化完善农业社会化服务体系，推进地块规划、投入品使用、栽培作业、金融保险、回收仓储、品牌打造"六统一"服务，有效破解了劳动力短缺和作业不及时的难题，提高了农业生产效率，提高了作物单产和质量，实现每亩节本增效200多元。**二是扩大了经营规模。**农户接受社会化服务的意愿不断增强，促进了农业适度规模经营。2022年，全县累计发放联合收割机跨区作业证4 195张，单机年收入最高突破20万元，跨区作业总收入达到3.3亿元。2023年，全县新建6个育秧工厂，安装自动化育秧流水线49条，具备了满足45万亩大田秧苗需求的生产能力。**三是促进了行业规范。**通过建立健全监管机制，加强对服务组织的日常监管，有效保障了农民权益。通过强化行业准入管理，严格对服务组织的资质审核，促使农业社会化服务市场秩序明显规范。通过政府和用户的协同监管及评价，有效提升了服务组织的规范化运营水平和服务质量。

**福建省将乐县农业农村局**

# 打造"农耕保姆"服务站
# 赋能生产托管提质升级

将乐县位于福建西北，地处武夷山脉东南麓，全县农业人口15.8万人，农户3.75万户，耕地面积17.9万亩。将乐县创新打造"农耕保姆"服务站，按片区遴选有资质、有实力的服务组织组建联合体，为农户提供从种到收、从技术服务到农资供应、贷款支持等"保姆式"服务，不仅降低了服务成本，还有效带动了撂荒地复耕复种。目前，全县农业生产托管率达90%，农资团购率达85%，托管农户总成本下降15.7%，亩均增收11.5%。

## 一、构建三级服务体系，畅通对接渠道

将乐县着力构建"农耕保姆站＋托管员＋服务组织"三级服务体系，不断提升服务质量。充分发挥村集体经济组织居间服务作用，由各片区村集体和联合体共同组建托管员服务队，以村为单位设置托管员，负责组织引导农户接受托管服务、签订服务合同，及时了解服务进展、监督服务质量等。"农耕保姆站"对接种植主体确定托管内容、托管方式及服务价格，并就种植品种、作业时间、植保防治、产品销售等进行统一协调，实现规模化服务。目前，已在南口镇、古镛镇、大源乡3个片区建立"农耕保姆站"，组建托管员服务队144个，对接服务组织21个。

## 二、推动四类资源整合，提升服务质效

"农耕保姆站"围绕产前、产中、产后各环节，强化资源整合，组建农机手、技术专家、农资经销商、信贷服务等专业团队，促进生产托管提质增效。**一是成立农机服务队。**县级农业社会化服务组织名录库中的服务主体组成农机服务队，为农户提供生产全程机械化服务。"农耕保姆站"根据服务对象的需求，科学调度现有农机装备，实现资源共享和效率提升。**二是成立技术服务队。**县农业农村局统筹协调农业经济、农业机械、农业技术、植物保护及其他相关单位，选派县、乡两级农业专技人员25人，组建栽培、植保、机械、农技等方面技术服务团队，分别挂包23家服务主体，实时为服务主体和农户提供技术咨询和指导。**三是成立农资服务队。**"农耕保姆站"依托联合体与农资（农机）经销商建立直供业务合作，以低于市场10%的价格代购优质农资和农机。2022年，县域内服务主体团购农资3 215吨、统防统治15.6万亩次，节省物化成本193万元，受益农户4 300余户。**四是成立信贷服务队。**将乐县在全省率先推出"福农·农耕保姆贷"金融产品，根据服务主体与农户签订服务合同情况（或近三年服务面积），按照机耕、机插、机防、机收四个环节服务面积进行综合授信，对有收购粮食等季节性订单融资需求的服务主体，还可以根据订单金额、回款周期等因素评定临时授信额度。将乐县依托"福农·农耕保姆贷"，实现了高额度、低利率、担保简便、贷款畅通，有效解决了各类主体购买农资、收购粮食、购置农机等面临的融资难、融资贵问题。

## 三、建立三个保障机制，促进行业规范

**一是制定指导价及作业标准。**每年年初，召集服务组织负责人，结合市场实际和群众需求，商议制定当年育、插、耕、防、收、烘等农业生产托管服务各环节指导价格及作业质量标准，并予以张榜公布。**二是规范项目实施操作流程。**明确农业社会化服务项目实施的关键环节的操作流程。即由

托管员收集本村所有农户生产需求信息, 共同选择服务组织, 商定各生产环节的服务价格, 并在村务公开栏公开; 根据作业合同, 服务组织汇总农资团购信息后, 上报 "农耕保姆站", "农耕保姆站" 与农资经销商、县信用合作联社等合作单位商定农资价格及贷款金额, 并把农资团购结果在村务公开栏公开, 当季服务完成后, 按流程申报项目补助资金。三是强化人才和技术支撑。依托农业广播电视学校、农技推广部门、涉农院校或其他社会培训机构, 定期为 "农耕保姆站" 提供各类实用技术培训, 增强行业发展的内生动力。

## 四、取得的成效

一是实现了农业节本提质增效。依托 "农耕保姆站", 将乐县打通了产前、产中、产后全过程服务链条, 减少了服务主体与分散农户打交道的交易费用, 形成连片规模经营, 提高了生产效率。据测算, 在同一块耕地上, 同一时间种植同一水稻品种, 连片托管服务面积30亩以上的, 农资采购成本降低35%以上, 机械作业成本降低10%, 多环节托管服务亩均节本增效150元以上。二是减少了耕地撂荒现象。将乐县把 "农耕保姆站" 引入村集体担当托管员角色, 增强了小农户接受托管服务的需求意愿, 还能充分掌握全村无力耕种、土地抛荒等情况。据统计, "农耕保姆站" 推广建设以来, 全县已整合撂荒地及零星土地6 000余亩, 分别托管给21家服务主体, 受益农户达1 260余户。三是调动了农户生产积极性。"农耕保姆站" 提供机械设备、技术指导、农资供应、金融支持等服务, 降低了生产成本, 增加了经营收益, 一些种植户纷纷扩大粮食生产面积, 极大地激发了农村生产力。比如, 南口镇陈厝村某村民耕种了40亩烟后稻, 往年选择机耕、机收等单环节托管方式, 夫妇二人大部分时间忙于田间农事, 接受多环节托管服务后, 增加水稻种植面积至80亩, 不仅大幅降低了劳动强度, 每年还增加收益2万元以上。四是促进了生产托管良性发展。"农耕保姆站" 统筹农机、农技、植保等多个部门开展业务对接协作, 引导服务主体规范服务价格、服务合同、服务流程等，跟踪指导服务过程和服务质量；对列入"黑名单"的服务主体，取消其五年内承担农业社会化服务项目资格，有效推动了生产托管服务标准化、规范化发展。

湖北省随县人民政府

# 创新农业社会化服务模式
# 探索保障粮食安全有效路径

**托管服务联合收割现场**

　　随县是炎帝神农诞生地和农耕文明发源地，是全国粮食生产先进县、中国稻米油之乡。近年来，随县坚决扛起粮食安全政治责任，积极探索"1＋X＋N"农业社会化服务模式，全力推动粮食种满种足、增产增收，以全省2.4%的耕地生产出了全省3%的粮食。

## 一、创新"1＋X＋N"模式，有效整合资源

　　一是发挥党建引领作用，建强"1"个龙头。乡镇党委牵头，整合农

技、农机、供销等单位，成立了镇级社会化服务公司，为经营主体及农户提供农资供应、农机作业、仓储物流、农产品营销等全链条服务，帮助解决生产主体办不了、办不好、办起来不划算的共性难题。截至2023年，全县有20家镇级农业社会化服务公司，服务面积68万亩，约占全县171万亩耕地的40%。

二是发挥市场机制作用，培育"X"个服务主体。推动多元服务主体各尽所能、共同发展。把专业服务公司和服务型农民合作社作为社会化服务的骨干力量，推进其专业化、规模化发展，不断提升服务能力，拓展服务半径。把农村集体经济组织作为社会化服务的中坚力量，鼓励其组织协调本地农户与服务主体对接。把服务专业户作为重要补充力量，发挥其贴近小农户、服务小农户的强项，弥补其他服务主体的不足。目前，全县共有各类社会化服务主体138家，水稻、小麦、油菜三大作物年服务面积158万亩次，惠及小农户30万户。

三是创新整合模式，链接"N"方资源。针对农业社会化服务点多面广线长，涉及环节多、主体多的现状，以乡镇为单位，探索建立"1＋X＋N"模式，即1家镇级农业社会化服务公司，链接多个村集体经济组织或者农民合作社、家庭农场等新型经营主体（X），统筹全镇农业资源、人才、技术、资金等生产要素（N），推广"镇级公司＋合作联社＋农户""镇级公司＋经营主体＋农户""镇级公司＋村集体＋农户"等组织形式，促进各主体紧密联结，形成利益共享、风险共担的共同体。

## 二、坚持多措并举，保障粮食安全

一是以"村级组织带动＋镇级公司兜底"，推动农田种满种足。发挥农村集体经济组织"统"的作用，将村内地处偏远、耕种不便的土地，在农户自愿的基础上，交由镇农业社会化服务公司开展托管服务。2022年，全县完成秋播粮油面积78万亩，20家镇级服务公司参与秋播面积近30万亩，复耕冬闲田、抛荒地4.8万亩，全力推动农田种满种足。

二是以"菜单式"精准服务，推动粮食增产增收。鼓励服务主体因地制宜开展单环节、多环节生产托管，对"耕、种、防、收"每个环节明码标价，提供"菜单式"服务，引导不愿流转土地的群众按需点单。2022年，全县开展单环节服务100万亩次，实现水稻产量提高8%，化肥农药减量25%，病虫害防治效果提高20%。

三是以科技品牌赋能，推动农业提质提效。全域推进"北斗＋服务平台＋农机具"数字农业平台建设，安装北斗终端农机具800余台。大力发展"随州香稻"地理标志品牌，推进标准化体系建设，推动"一粒谷"向"一颗米、一滴油、一片药"的升级跨越，实现全产业链增值10%。通过"双订单"模式发展"随州香稻"32.5万亩，借助区域公用品牌提升价格，在销售端每公斤给粮农分红0.12元。

## 三、写好惠民答卷，实现"三增同步"

一是农户节本增收。通过推广先进适用的机械设备，将农户从繁重的体力劳动中解脱出来，实现了劳动力在种地和转移就业之间的合理流动，促进了农民收入增长。如澴潭镇农韵公司通过统一采购农资、统一技术标准、统一耕种作业、统一机械收割、统一集中销售，使农户种植水稻亩均节本增收200元以上，种植小麦、油菜、玉米亩均节本增收130元以上。

二是经营主体盈利增收。镇级服务公司一方面通过提供机耕、机种、机收、病虫害防治等服务，获得经营性收入；另一方面通过规模化集中采购种子、化肥、农药等，为合作社、家庭农场和农户提供质优价低的农资；同时定价回购农产品，破解了农户和经营主体遇到的产销衔接难题。如安居镇弘耘公司规模化集中采购的复合肥料每吨3 870元，低于同期市场价约230元，为全镇12个合作社节约成本约12万元。截至2023年，20家镇级服务公司实现营业额2亿元、利润1 000万元。

三是村集体提质增收。村集体作为镇级服务公司的股东，享受收益分红。如澴潭镇农韵公司为7个村集体分红21万元，为10个村集体二次分红

19万元。同时，村集体发挥组织优势，有效解决了社会化服务过程中的统筹协调、组织发动、纠纷化解等实际问题，促使农户对服务的认可度不断提高。2022年，全县通过社会化服务带动村集体实现增收1 000余万元。

## 广东省梅州市志颖农资有限公司
## 导入全链条服务要素
## 助力农业生产提质增效

公司为农户提供种植技术指导服务

梅州市志颖农资有限公司是集农业生产托管、农资供应、农技推广、农产品销售于一体的农业服务公司。近年来，公司转变传统经销模式，创新开展生产托管业务，通过搭建县、镇、村三级服务协办体系，着力盘活服务资源要素，为农户提供耕、种、防、收、销的托管服务，有力促进了农业增效、农民增收。2022年，公司服务面积超10万亩，其中服务撂荒地复耕复种面积1.7万亩以上，建有生产托管示范基地10个，服务农户6750户。

## 一、科学搭建服务体系，推动托管服务高效开展

一是承接县级托管运营中心。2022年，公司承接了梅县区农业生产托管运营中心，积极推进服务资源整合，促进服务供需对接，强化农技培训指导，广泛宣传社会化服务有关政策，探索制定服务标准。二是发展镇级服务组织。公司依靠自身完善的农资经销网络，将乡镇核心网点转型发展成镇级服务组织，制定了《镇级服务组织服务绩效表》，目前已发展镇级服务组织80家。三是培育村托管员。公司在村里选聘有威望、有影响力的村干部和种植能手，将其培养成专职村托管员，同时在每个村委托1名村干部作为兼职村托管员。村托管员主要负责本村托管服务信息汇总，以及服务内容确定、服务面积核定等业务。目前已发展专职村托管员30名，兼职村托管员353名。对专职村托管员签订劳动合同按月发放工资，兼职村托管员则按托管服务面积给予每亩3元补助。

## 二、整合盘活服务资源，激发托管服务内生动力

一是整合农技资源，探索科学解决方案。公司与华南农业大学、梅州市农业科学院和梅县区农业科学研究所等机构开展合作，配合开展技术攻关，形成成熟定型的技术方案后，以"技术＋产品"手段帮助种植户解决生产难题。二是整合人力资源，提升本地服务能力。公司通过多途径整合优化劳务资源配置：利用柚类主产区柚子生长时间差，引入福建柚子产区专业劳动力提供梅州柚套袋、施肥等服务；引导镇级服务组织整合区域内闲散劳动力，组建作业团队；整合周边市县非梅州柚等高用工需求的农村的劳动力，提供专业培训后对接梅州柚疏花、授粉和采摘等服务需求。2022年，梅州柚施肥、套袋环节带动农村劳动力用工8 650人，实现农户增收138.4万元。三是整合农机资源，提高农机使用效率。一方面自购无人机、电剪、开沟机等农机设备，提升公司服务能力；另一方面整合各类农机资源，构建农机信息平台，提升农机作业服务能力，通过整合割草机、微耕机、开沟机、无人机等各类

农机具，大大提高了农机使用效率。

## 三、探索创新服务手段，提供托管全链优质服务

一是建设服务标准。公司因地制宜制定了一套适应本地特色作物生产的服务标准，进一步完善了服务收费标准。探索建立完整规范的服务制度，制定设备管理制度、人员管理制度、服务监管制度等规范，推动服务标准化建设。二是集成应用技术。公司总结推广提升作物品质的施肥用药套餐方案，引导经营主体树立科学种植理念，通过套餐下单并接受托管服务。组建生产资料、田间管理、农业机械、种植管理、农技农化、产品购销等专业服务队，为农户和各类经营主体提供全链条服务。三是促进产销衔接。公司围绕市场需求，引导农户种植优质品种，以销定产推动农产品优质优价。组织开展农友经验座谈会、茶友会、柚子评比品鉴会、丰收庆典等活动，广泛联系全国各地的水果收购商和销售平台，为果农和收购商搭建线上线下交易平台，帮助果农解决销售难题。

## 四、取得的成效

一是提高了经济效益。通过农业生产托管，将农资、农机、农技等先进要素有效导入现代农业，提高了农业生产效益。据测算，2022年水稻生产节本115元/亩，增效55元/亩，总体增收170元/亩；梅州金柚种植节本950元/亩，增效4 500元/亩，总体增收5 450元/亩；梅州蜜柚种植节本266元/亩，增效940元/亩，总体增收1 206元/亩。二是提高了生态效益。农业生产托管引导农户科学种植，通过投入绿色高效农药肥料，运用植保无人机等先进装备，实现了农业绿色可持续发展。2022年，梅州柚生产中农药用量减少13.3%，肥料减少4.1%；水稻生产中农药用量减少12.5%，肥料减少8%。三是提高了社会效益。公司帮助承接复耕复种的经营主体实现种植效益，助力保障粮食生产。同时，秉承"匠心种好柚，品质赢市场"的理念，加快推动梅州柚产业由增产导向转为提质导向，促进梅州柚产业做大做强，取得了显著的社会效益。

# 构建兽医社会化服务体系
# 助力畜牧业高质量发展

**公司组织实施动物防疫技能竞赛**

广西悦牧生物科技有限公司成立于2019年，是一家集兽医社会化服务、第三方动物疫病检测、实验室整体解决方案、生物技术研发、科技项目合作于一体的高新技术企业。公司组建了兽医社会化服务部、CMA认证第三方动物疫病检测实验室、兽药疫苗经营部等项目团队，拥有现代化生猪养殖基地1个。公司通过创建服务平台，将公益性与经营性兽医服务结合起来，实现优势互补、规范经营，既充分体现了兽医服务的公益性，又体现了市场化服务的灵活性。目前，已累计举办动物防疫能力培训班200

多场次，检测动物疫病样本超30万个，兽医社会化服务范围覆盖广西29个县（区）。

## 一、搭建专业服务平台

公司与广西畜牧兽医学会、广西兽医协会、广西大学、广西兽医研究所等行业组织和机构建立长期合作，由专家提供技术支持，面向社会开展动物诊疗、疫病检测、技术推广及业务培训等服务。公司搭建了集专家直播诊疗、在线问诊、案例分享和检测查询等功能为一体的"八桂牧医"动物诊疗平台，通过"互联网＋兽医服务"链接专家与养殖户，实行线上问诊、线下跟踪相结合的服务模式，由服务网点的技术团队进行后期指导，重点面向中小散户解决养殖难题。公司建成了融合第三方检测中心、教育培训中心、广西兽用生物制品工程研究中心、广西乡村振兴产业技术研究院、广西减抗替抗生产基地及屠宰管理运营服务中心的专业服务平台，提升兽医服务硬实力，形成"政产学研商"协同发展体系。

## 二、科学布局服务网点

公司在南宁市成立兽医社会化服务总部，在服务基础良好的县区和乡镇建设统一风格的兽医社会化服务示范点，完善办公、经营、诊疗和培训等功能区建设，配备动物防疫设施设备。由服务总部向各示范点输出技术、产品和检测等服务，各示范点深入乡镇带领村防员开展防疫工作，构建"总部＋示范点＋村防员"的服务网络。目前公司共建立了12个县级服务示范点、22个乡镇服务点和6个快检实验室，通过建强防疫基础阵地，提升区域辐射力，广泛开展多种兽医服务。

## 三、强化服务队伍建设

公司从原村防员队伍中择优筛选乡镇防疫队长，引导防疫队长成立免疫合作社，并吸纳合适的防疫员，以市场化方式逐步探索形成"公司＋免疫合作社＋社员"的组织形式。公司开展防疫人员技能培训、防疫队长业务开拓及管理培训，加强防疫队伍建设和人员管理，通过平台服务一线养殖场（户）。对于养殖合作社，公司帮助其引入先进的技术、装备和管理以完成传统养殖的升级，同时加强对社员的现场指导，对其培训动物免疫操作、疫病防控技术，提高农户养殖水平。

## 四、前后延伸服务领域

公司坚持"政府购买为导向，市场培育为主导"，根据各地需求定制兽医社会化服务内容，主要涉及动物防疫队伍管理、重大动物疫病强制免疫、动物疫病监测和养殖防疫技能培训等。同时在政策引导下，积极扩展畜牧产业市场化服务。在上游的种畜禽和饲料兽药环节，开展畜禽品种改良、引种检测、益生菌产品推广等服务；在中游的养殖环节，充分发挥技术优势，不断提高动物诊疗、免疫、检测和疫病净化的服务质量，探索开展强制免疫"先打后补"、动物产地检疫协检等服务；在下游的屠宰加工和销售环节，提供屠宰检测、屠宰卫生检验员培训和屠宰管理运营等服务。通过推进政府公益性和市场经营性兽医服务的共同发展，为畜牧产业注入新动力。

## 五、取得的成效

公司通过整合资源构建专业平台，探索创新服务模式，推动兽医社会化服务加快发展，实现了多方共赢。

**一是提升了行业管理水平。**一方面，公司采取协助管理、共同管理、自主管理的模式，在6个县区统筹协调村防员，减少了当地兽医主管部门的管理成本，优化了村防员队伍，精简人员20%～30%，平均年龄下降至50岁左右。另一方面，政府购买动物防疫服务，将公益性兽医服务交给第三方服务组织，再由兽医主管部门加强对第三方的监督与考核，有利于明确"运动员"和"裁判员"职能定位，发挥市场配置作用，提升政府监管效能。

二是提升了人才队伍能力。公司面向畜牧兽医从业人员和农业经营人员，开展动物防疫法律法规、疫病防控、养殖技术、屠宰技术及检疫协检、兽医实验室技能等各类培训253场，培训人员达1.37万人次。协办动物防疫职业技能竞赛9场、重大动物疫病应急处置演练活动3场、高素质农民培育项目6个，培养了一大批专业化服务人才。

三是保障了公共卫生安全。公司通过组织村防员落实春秋防疫工作、开展狂犬病集中免疫服务，设立21个集市家禽市场免疫服务点，构建了"市场免疫+常年免疫"新模式，强化了重大动物疫病免疫服务，提高了免疫密度。近年来，公司为政府和养殖场（户）累计检测30万个动物样本，为疫病防控预警提供了重要参考。

四是实现了生态环保养殖。公司通过引入科技创新产品，推行"益+"自扩培发酵系统，打造广西"千村万罐"项目，大力推广益生菌应用。利用饲用微生态制剂代替抗生素，实现降本增效和生态养殖；使用扩培菌发酵本地饲料，发酵效果显著，有效满足了农户养殖需求；投放高温腐熟菌剂，达到粪污发酵除臭的环保养殖效果，生态效益持续呈现。

## 四川天府新区管委会
# 坚持"三聚焦"
# 深化农业社会化服务体系建设

四川天府新区农业社会化综合服务平台

四川天府新区积极探索农业社会化服务新模式，寻求农业社会化服务助力区域经济高质量发展新路径，坚持以"三聚焦"为抓手，构建农业"共营制"发展模式，组建智慧运营中心，出台扶持政策，激发服务市场活力，实现了农业生产节本增效。

## 一、聚焦政策引导，全面调动社会化服务组织积极性

天府新区出台了《乡村振兴高质量发展十条政策》，采用以奖代补的方式对农业社会化服务组织给予支持。制定了《加大政策扶持鼓励粮食生

产十条措施》《防止耕地撂荒和"非粮化"十条措施》等政策，明确农业社会化服务项目、粮食生产、人才培育的实施办法，匹配专项资金2 900余万元，在农业社会化服务体系建设运营、粮食生产扩面提质等方面予以重点支持。

## 二、聚焦建圈强链，探索农业社会化服务新模式

一是培育服务生态圈。成立区级农业社会化服务中心，开展资源调度、市场拓展、供需对接、规范引导、过程监管及效果评价等6大公益性服务。扶持村集体经济组织、涉农企业、农科院校、互联网平台等力量，根据自身优势发展社会化服务，培育了60余个市场前景好、技术力量强、对农业现代化发展具有支撑作用的经营性服务组织。支持成立3个利益共享、风险共担的特色产业联盟，促进葡萄、枇杷和柑橘等产业提档升级。

二是补强服务产业链。聚焦产业发展难点、堵点，从耕作、植保等技术性服务，逐步向全产业链服务拓展，引入收储、销售、金融、保险等服务主体40余个，打造服务产业全链条。2022年，促成各类服务交易60余次，实现融资贷款1 400余万元、农产品销售800余万元。深化校地合作，与四川农业大学、四川省农业科学院共建乡村振兴研究院、水果产业研究院，引入科研团队20余个、专家教授80余人，开展产业课题研究20余个，建设示范基地10余个，为新区特色产业发展提供技术支撑。

三是探索服务新模式。依托现有农业服务协会设立8个街道农业社会化服务站，服务站负责市场引导、资源协调、政策宣传、履约监管等，并与区级服务中心连接互动、上传下达。完成辖区84个村集体经济组织调研走访，坚持靶向牵引，培育了一批村集体经济组织直接承接服务，并以村组干部、农业产业带头人为重点，培养一批村级托管员，由其负责信息传递、过程督导与纠纷调处等工作，构建农业社会化服务闭合生态圈，最终形成"部门＋街道＋村（社）＋市场主体"的四级农业社会化服务新模式。

## 三、聚焦信息化管理，构建一网通办、一站式服务体系

一是创建数字化管理平台。创新开发四川天府新区农业社会化综合服务平台，开通信息查询、服务预约、农资销售、线上问诊、实时资讯等功能，收录供需信息100余条、技术资讯300余条、产业数据500余条、活动信息50余条、合同备案30余份，吸引专家入驻40余人，将传统的线下服务纳入平台实行数字化管理，实现线上签约、后台备案、实时监管、在线调度等一站式服务。平台作为农业社会化服务体系运营的内核，与区、镇、村各级服务网络"内外呼应"，填补城乡数据鸿沟，构筑乡村要素快速整合与高效利用的资源聚合圈。

二是标准化推进平台运营。完善服务主体名录库，严格主体资质、信用等级、信息发布等审查，实行准入和退出的动态管理机制。研究制定服务标准、合同范本和指导价格等示范文本8套，规范服务行为，保护农户权益，防止欺诈和垄断。整合国家成都农业科技中心、四川农业大学、四川省农业科学院等机构和平台公司的项目、资金和人才，完善农业产业规划，补齐冷链、仓储、烘干、物流、加工等设施短板，形成"横向到边、纵向到底、全面覆盖"的农业社会化服务网络体系。

## 四、取得的成效

经过多年努力，天府新区农业社会化服务成效显著。已建成区服务中心1个、街道服务站8个和村级服务点20个，培育各类社会化服务组织60余个，打造省级"全程机械化＋综合农事"服务中心1个，建设烘储中心2个，带动就业400余人。在保障粮食安全的同时，找到了农业社会化服务助力区域经济高质量发展的新路径。

一是资源集聚效应凸显，农业"共营制"效果显著。推行"村集体经济组织＋服务组织＋小农户"的农业"共营制"模式，促进规模化集约化经营，有效实现节本增效。据估算，生产托管的实施使每亩降低物化成本约

100元，提高水稻等主要粮食作物产量约50公斤/亩，有效避免了耕地撂荒和"两非化"问题，为打造高质量的"天府粮仓"奠定了扎实基础。

二是集体经济聚合发展，产业"强磁场"带动增收。推动集体经济组织与产销主体、农业科技院校、金融机构等各类组织，以资金、技术、服务等要素为纽带，系统开展耕、种、防、收、烘、储、销、金融和保险等综合性服务，有效调动了村集体经济组织服务积极性，增加了村集体收入。

三是数字赋能乡村振兴，服务"一张网"高效便捷。建成四川天府新区农业社会化综合服务平台，该平台收录了服务组织、技术资讯、产品销售和服务业务等有效信息，利用大数据分析，解决供需信息差。将本地农机纳入平台实行动态管理，通过GPS定位、实时拍照等方式，实现服务过程和效果的动态监管，提高服务效率和监管力度，织密现代农业信息服务"一张网"。

# 第五部分

## 加强行业管理

安徽省怀宁县人民政府

# 社会化服务助力农业实现
# "三利三增三减"

怀宁县位于安徽省西南部，辖20个乡镇、243个村（社区）。近年来，为有效解决土地无人耕种难题，怀宁县围绕粮食生产，着力培育服务主体，创新服务模式，完善利益联结机制，为小农户提供高效便捷的社会化服务，有效提升了农业生产能力，发展了农村集体经济，实现了农民、村集体、服务组织互惠共赢。

## 一、聚焦组织建设，夯实社会化服务基础

一是培育服务组织。积极扶持并培育一批市场前景好、技术力量强、对农业现代化发展具有支撑作用的服务组织，推进专项服务标准化、综合服务全程化，目前已培育各类服务组织超600家。二是突出居间服务。发挥村集体的居间服务作用，依托群众对村级组织的信任，一手托农户、一手托服务主体，及时化解农户和服务主体间的利益矛盾，在农户和服务主体间搭建"连心桥"。三是保障农户利益。坚持农民主体地位，保障农民合法权益，建立完善农户、村集体、服务主体间的利益联结机制，确保农户获得"保底收益＋分红"。

## 二、聚焦粮食生产，推进社会化服务全程高效

一是拓展服务链。坚持以粮食产业需求为导向，聚焦产业发展的难点、

堵点，组织专家团队下沉调研指导，引导服务主体从耕作、插秧、植保、机收等单环节的技术性服务，向侧深施肥、秸秆利用、节肥节水、环保防治、节能烘干等粮食生产多环节托管服务拓展，为粮食产业提能升级提供有力支撑。截至今年，已完成水稻生产春耕、夏种社会化服务面积10万亩以上。**二是完善四级服务。**依托现有各乡镇农业站，开展政策宣传、履约监管、质量督查等，并与县级部门连接互动、上传下达；以村组干部为重点，培养一批村级托管员，负责信息传递、过程督导与纠纷调处等工作，构建粮食生产社会化服务闭合生态圈，形成"部门＋乡镇＋托管员＋服务组织"的四级服务新模式。

## 三、聚焦"三心"服务，提升社会化服务质量

**一是做好"省心"服务。**县级投资建设农事服务中心、水稻育插秧中心、粮食烘干中心、农作物秸秆收储中心四中心，建成后交由服务主体运营管理。目前已在9个乡镇建设了5个全程机械化综合农事服务中心、4个粮食烘干中心、8个水稻育插秧中心、8个农作物秸秆收储中心，为农业社会化服务奠定了坚实基础。**二是做强"专心"服务。**引入中化现代农业有限公司，建立现代农业技术服务中心，面向种植主体提供"7＋3"综合服务，即选种、配肥、植保、检测、农机作业、技术培训、智慧农业和烘干仓储销售、农业金融、品牌打造等服务。以乡镇为单位，按照"经验足、设备全、能力强、信誉好"的标准，经"村推荐、镇审核、县备案"程序，遴选当地符合条件的服务组织，建立服务组织名录库，实行动态管理。**三是做优"安心"服务。**积极创新粮食生产收入保险，与保险公司联合，开展农业收入保险试点，根据近三年平均产量和国家最低收购价测算收入保险保额，确定保险保底收入。若由于自然灾害等原因，未达到约定产量或收益，则由保险公司按照保险合同负责补偿至保险保底收入，为种植主体和服务主体免除后顾之忧。

## 四、取得的成效

一是利生产、增效益、减成本。通过社会化服务，全县农业生产能力进一步提升，规模化、专业化、标准化、集约化、品牌化水平进一步提高，粮食产量和质量进一步提高，有效降低了小农户的投入成本，减轻了小农户的劳动强度，提高了农业经营效益，促进了小农户与现代农业发展有机衔接。经测算，通过托管服务，亩均可增产粮食100公斤以上、增收300元以上。二是利耕地、增面积、减抛荒。通过社会化服务，全县对沟头河沿、路边零星土地、开荒地等进行整合，实现小块变大块，增加耕地8 000亩。村集体统一组织有意愿的农户接受托管服务，解决了农村劳动力转移与农业生产人力需求的矛盾，从而减少了农村抛荒地，进一步夯实了粮食根基，保障了粮食安全。三是利农民、增收入、减差距。怀宁县通过社会化服务，完善利益分配制度，使农户获得更多收益。同时，村集体经济随之发展壮大，向农户提供分红收益。

# 高质量推动农业生产托管
# 破解山区"如何种好地"难题

全市农业生产托管现场

　　吕梁市位于山西省中部西侧，西隔黄河同陕西榆林相望，因吕梁山脉由北向南纵贯全境而得名。吕梁属黄土丘陵沟壑区，山区、半山区面积占92%，年均降水量仅472毫米。近年来，吕梁市坚持把农业生产托管作为重要抓手，积极探索农业社会化服务的有效形式，有力推动了农业适度规模经营，促进了小农户和现代农业发展有机衔接，走出了一条吕梁山区破解"谁来种地""如何种好地"难题的希望之路。

## 一、强化服务主体培育

吕梁市出台了《吕梁市关于加强农业生产托管助力农业高质量发展的意见》，按照服务带动适度规模经营面积对各类服务主体进行奖补。一是对开展"耕、种、防、收"托管的服务主体，按照不同环节、不同标准，根据服务面积给予奖补；二是对全年累计托管服务面积达到标准的服务主体给予奖补；三是对市级择优评选的服务能力强、服务规模大、服务效果好、信誉良好、群众满意度高的服务主体给予奖励。

## 二、推进资源要素整合

一是加快装备更新。市级连续两年对未列入中央补贴范围，但适合当地特色农业发展所急需的机具进行补贴。石楼县、柳林县推广应用高性能机具和适合丘陵山区作业的经济实用型小型农机、高效专用农机等，促进了半山区和半丘陵地区的生产托管加快发展。二是强化业务培训。每年举办全市农业生产托管专题培训，邀请省厅专家授课，提升业务骨干和服务主体等从业人员的专业能力。三是集成应用技术。开展智慧农机装备集成示范基地、丘陵山区农机化技术提升示范区、高效设施农业机械化示范区和撂荒地"宜机化"基地建设，促进农机、农艺、农技、农田集成配套应用。四是规范行业发展。全市已有5个县（市）成立托管服务协会，各协会发挥其联系政府、服务会员、整合资源、自律规范的功能，为会员提供技术培训、业务指导、政策宣传、融资担保、信用评价等一系列服务。

## 三、加强组织引导推动

一是强化政府指引，统筹协同推进。吕梁市明确提出"突出抓好农业生产托管"，将农业生产托管纳入"市长重点推动事项清单"，所辖县区建立"县委全面负责、乡镇组织实施、村级具体落实、部门协同推进"的领导体制和工作机制。二是强化政策导引，提高农户参与度。利用报纸、杂志、电视、网络开展全方位、立体式宣传，充分调动广大农户、服务主体参与农业生产托管的积极性，持续营造良好氛围。**三是强化现场引领，注重典型示范。**连续三年分别在方山县、临县、汾阳市召开全市农业生产托管现场会，多次赴长治市屯留区等地观摩学习。总结推广吕梁市8县典型材料，选树一批典型示范样板。

## 四、取得的成效

一是促进了农业稳产增产。托管服务的大面积推广，有力推动了农业生产节本增效。据测算，通过生产托管，每亩成本减少10%以上、产量增加15%以上，全市玉米亩产从原来的500公斤左右增长到750公斤左右，高粱亩产从原来的350公斤左右增长到500公斤左右。2022年，全市粮食产量达到5.285亿公斤，增长8.4%，增速居全省第一。二是解放了农村劳动力。生产托管不仅解决了农村"空心化"、土地撂荒等问题，而且使农民实现务工、种地两不误，参加多环节托管的农户每户年增收1 600元以上。2022年，吕梁市农村居民年工资性收入达到6 998元，比上年增长6.2%。三是发展了农村集体经济。推进农业生产托管，为壮大农村集体经济提供了新选择。如古浮图村集体经济组织直接为农户提供生产托管服务，村集体收入从2019年的36万元增长到2022年的210万元。汾阳市富民农业生产经济合作联合总社覆盖5镇21村，通过提供居间服务使每村年增收10万元。

**山东省莱西市农业农村局**

# 创新社会化服务机制
# 引领支撑农业现代化发展

小麦托管服务作业现场

　　莱西市是青岛市所辖县级市，农产品品类丰富，形成了粮油、蔬菜、果品和畜牧四大主导产业，粮食种植面积常年稳定在130万亩，蔬菜种植面积约34万亩，果品种植面积20万亩以上，肉蛋奶总产量稳定在45万吨以上。2021年获批全国农业社会化服务创新试点县以来，莱西市大力推进农业社会化服务的业态、模式和机制创新，推动农业社会化服务拓展领域、加速发展，有力促进了农业现代化。截至2023年，全市有各类社会化服务组织928个，服务以小农户为主的农业经营主体20.52万个，小农户接受"耕、种、防、收"四环节托管服务面积超过30万亩。

## 一、加强顶层设计，加大扶持力度

在政策支持方面，截至2023年5月，累计争取专项资金5 123万元，支持和引导各类社会化服务组织提升服务能力、扩大服务范围，同时精准落实贷款贴息资金178.22万元，有效破解了服务组织发展瓶颈。在项目推动方面，规范实施中央财政农业社会化服务项目，大力推广配方施肥、水肥一体化、灭茬还田、植保飞防等关键薄弱环节托管服务。目前，大田作物良种覆盖率达98%以上，秸秆综合利用率达96%，主要农作物机械化率达91%。在资源整合方面，搭建市、镇、村三级社会化服务综合平台，成立12个镇级社会化服务中心，整合镇域服务资源，提供生产托管、信息咨询、金融保险等对接服务。建成111个村级社会化服务站点，统筹协调服务组织开展作业服务。

## 二、强化行业指导，优化发展环境

一是开展动态监测。建立社会化服务组织名录库，每年调整一次，实行优进劣出的动态管理机制和黑名单管理制度。已入库服务组织48家，优先作为农业社会化服务政策支持对象。截至2023年，已将考核不达标的5名农机手纳入黑名单，将5名农机手涉及的3家合作社纳入观察名单。二是配套指导服务。建成新型农业经营主体服务中心，组建了一支百人辅导员队伍，为社会化服务组织等各类经营主体提供财务管理、金融保险、农业技术、信息咨询等服务。三是注重效果评价。搭建农机作业监测平台，对农机作业服务实现定位跟踪、实时监控。采取远程智能监测和人工抽检的办法，对作业机具、作业质量进行监督监测，自动统计作业面积。对抽检不达标的，约谈服务主体负责人并责令其及时整改，确保小农户满意度达到90%以上。

## 三、创新服务模式，提升发展效能

主要形成了三种服务模式：一是菜单服务模式。例如，莱西金丰公社提供农资供应、技术指导、金融保险和耕种管收多环节服务菜单，供服务对象自由选择，目前多环节服务面积15万余亩。**二是分级服务模式**。例如，院上镇农民专业合作社联合社在10个新村成立农民专业合作社，在103个自然村设立农事服务小组，建立起镇级联合社—新村农民专业合作社—农事服务小组的三级组织架构，为周边农户提供托管服务，累计实施托管服务面积22万亩次。**三是专业服务模式**。例如，青岛东鲁生态农业有限公司通过托管服务队直接上门，为生产者提供技术指导服务，已托管服务农业经营主体200多家，服务面积2万亩，促进了农产品标准化、品牌化发展。

## 四、拓展服务领域，激发效益潜力

**一是强化金融服务**。与农商银行、光大银行等金融机构签订合作框架协议，累计为服务组织提供贷款4 800余万元。**二是助力产品销售**。与中国邮政储蓄银行莱西市支行、中国邮政集团有限公司山东省莱西市分公司达成助农战略合作，搭建农产品线上线下展销平台，开展销售、物流等一揽子惠农服务，助农销售农产品30多种，线上销售额超百万元。**三是拓展保险服务**。协调中国人民保险集团股份有限公司、中国太平洋保险（集团）股份有限公司推出小麦及玉米产量保险、价格指数保险、大灾保险等多种保险产品，为110余万亩粮食作物投保740余万元，可提供风险保障1.1亿余元（其中玉米完全成本保险2022年赔付3 569万元），大大降低了农业生产经营风险。

莱西市通过搭建市、镇、村三级服务平台，对服务资源进行整合提升，建立了完善的服务体系，培育了一批能提供集农资供应、技术集成、农机作业、仓储物流、农产品营销等服务于一体的服务组织，为小农户提供耕、种、防、收、储、运、销等一系列专业化服务。依托农业社会化服务体系，实现了农业生产的集约经营和集成服务，平均每亩可减少生产资料、劳动力等投入200多元，亩均增产8%左右，实现亩均节本增收300元左右。

**云南省腾冲市农业农村局**

# 紧扣"七有"标准
# 提升农业社会化服务项目实施效益

腾冲市位于云南省保山市西部。受地区条件影响，坝区耕地细碎化、山区耕地成本高，成为农业发展中亟待解决的问题。腾冲市农业农村局以实施农业社会化服务项目为抓手，紧扣主体有优选、约定有合同、服务有标准、过程有记录、人员有培训、质量有保证、项目有监管的"七有"标准，强化工作机制，规范实施项目，引导小农户广泛接受社会化服务，有效解决了"谁来种地""怎么种好地"难题。

## 一、聚焦服务目标，强化工作机制

一是强化政策引导。严格落实中央对农业社会化服务项目的实施要求，深入调研了解本地小农户和规模经营主体服务需求，科学编制项目实施方案，明确实施片区、服务面积、作业环节、质量标准、监督指导、检查验收、抽查复核及资金兑付等要求，为推动项目实施工作夯实了基础。

二是明确工作职责。成立由局长任组长，分管副局长任副组长，相关股室站所负责人及所涉乡镇（街道）农业中心负责人为成员的项目工作领导小组。领导小组办公室负责项目日常管理；计财部门负责对财务资料、报账单据及财务报账手续的合规性进行审核；项目乡镇农业中心负责对服务主体的作业完成情况进行检查核实，切实做到分工明确、各负其责，统筹推进全市农业社会化服务项目工作。

## 二、聚焦服务质量，规范实施项目

**一是主体有优选。**在市政府网站发布申请公告，公开服务标准、服务主体资格条件等内容，按照主体自愿申报、领导小组评审、公示名单无异议"三步骤"，公平、公开、公正优选服务组织，确定项目实施主体。

**二是约定有合同。**在项目实施片区，农户与服务组织统一签订服务合同，明确服务地块、面积、内容、单价、时间、质量要求、验收标准和违约责任等情况。开展农机作业时，农机手还同农户签订服务承诺书。

**三是服务有标准。**将每个作物、每个环节的服务标准在项目实施方案、服务合同中予以明确，将农户满意度作为衡量服务质量的重要标准。对服务面积、服务质量达不到合同要求的服务主体，按照合同约定取消其资格，追究其违约责任。

**四是过程有记录。**列出服务主体材料清单，在完成作业服务后，及时上报清单中的材料，项目组及时对照核验，审核合格后再组织项目验收。服务明细台账中必须留存农户的签字认可和电话号码，以佐证项目实施过程的合规性、合法性、真实性。

**五是人员有培训。**组织项目业务培训会，重点培训社会化服务工作人员和服务主体负责人。2022年，在项目实施过程中，共组织开展项目宣传9次、培训9次、交流和指导活动4次。

**六是质量有保证。**严格要求项目承担主体规范开展服务，确保服务质量。在机收和机耕时，组织专家现场监督检查，对照项目实施方案的作业技术标准、服务质量要求等内容，随机进行动态监测。

**七是项目有监管。**市、乡、村三级联动，开展项目实施和资金补助的全过程监管。在项目实施中，市级牵头抓总、乡镇统筹协调、村（社区）具体推进项目监管，安排专人进行作业质量跟踪检查，农业科学技术推广站指定专人对服务对象进行电话回访，乡镇分管领导审核复核实施情况，领导小组不定期进行指导及督查。项目完成后，服务主体对服务对象、服务面积、地块名称、联系电话、"一卡通"等信息登记造册。领导小组则组建项目验收小组，对服务对象进行随机调查，2022年共调查1 708户，占总户数的25%，反馈均为满意。项目补助资金实行专账核算、专款专用，按照先服务后补助的方式，经审核验收合格、资金结算汇总、材料审核合规后，通过"一卡通"直接补助给服务对象，切实防止财政资金"跑、冒、滴、漏"。

## 三、聚焦服务效益，实现多方共赢

一是培育壮大了服务主体。项目实施以来，许多农机手自愿加入农机合作社，先后有下村、耀鑫、顺宏、丰懋农机合作社成立并发展壮大。如顺宏农机合作社由2020年成立之初的10人增加到现在的60人，2022年服务面积达到1.07万亩。

二是推动了社会化服务加快发展。项目的示范带动促进了服务主体在更大范围开展服务，2022年全市服务面积达到88.6万亩，比2020年增长了7.4%，服务小农户2.34万户。

三是实现了农业生产节本增效。依托农业社会化服务项目，促进服务主体进一步提升服务能力、提高服务质量，帮助农户降低了生产成本，提高了经营收益。如耀鑫合作社通过开展1 000多亩水稻的耕、种、防、收托管服务，使农户每亩节约成本200元、增产60公斤。

# 附　录

# 2023年全国农业社会化服务典型案例名单

一、助力稳粮扩油和单产提升

1.创新"农资经营＋生产托管"服务模式　发挥为农服务新优势

——天津市雍阳民生农资有限公司

2.创新托管服务　助力粮食增产

——河北省磁县天道益农农机专业合作社

3.以机制创新破解灌溉服务难题　探索粮食生产节水增产有效路径

——河北人人邦农业服务有限公司

4.集聚要素创新方式　健全机制做强服务

——山西省新绛县珍粮粮食种植专业合作社

5."现代农机＋智能装备＋数据管理"助力农业社会化服务提质增效

——黑龙江省萝北县人民政府

6.专心做好"田保姆"　助农丰产又增收

——江苏省常熟市虞美润农业专业合作社

7.创新"两端"联动"中间"服务模式　助力粮食安全高效生产

——江苏苏合农业社会化服务有限公司

8.创新托管服务模式　促进农业生产提质增效

——江西省吉安市青原区人民政府

9.答好生产托管数学题　保障粮食生产稳定高效

——江西省南昌县昌道农机服务专业合作社

10.大力推进农业社会化服务　助力粮食单产提升增效

——河南省浚县人民政府

11.创新打造"五好服务"模式　实现"良种优粮、优质优价"

——湖南隆平好粮科技有限公司

12.合力托管保粮安　专业服务促增收

——陕西省黄龙县人民政府

13.聚焦"专、精、新"探索制种玉米社会化服务新路子

——甘肃省张掖市新大弓农化有限责任公司

14.创新托管服务模式　实现粮食增产增收

——青海东筱生态农业服务有限公司

二、拓展服务领域

15.托管服务助力中药材产业高质量发展

——河北省国行融投承德农业发展有限公司

16."保姆式"服务助推乡村振兴跑出"加速度"

——浙江省余姚市黄潭蔬菜产销专业合作社

17.创新农业社会化服务机制　引领"小草莓"做成大产业

——安徽省长丰县人民政府

18.创新"一站式"托管服务　力推高油酸花生生产

——安徽省淮北丰银农业开发有限公司

19.牵手抱团开服务新路　民富菌强助乡村振兴

——福建省永春县锦都食用菌专业合作社

20.农牧循环社会化服务助力做好"牛"文章

——山东省阳信县人民政府

21.农服强农风正劲　惟实励新再奋蹄

——湖北省枝江市农业农村局

22.创新"平台＋服务"模式　做好柑橘土特产文章

——湖南省永州市回龙圩管理区管委会

23.做好社会化服务　当好农民"田保姆"

——宁夏平罗县盈丰植保专业合作社

24.定制农业生产托管金融产品　打造"政金企社农"融合服务模式

　　——中国农业银行股份有限公司青岛市分行

### 三、建设综合服务平台

25.打造线上线下一体化智慧服务平台　引领蛋鸡产业数字化智能化升级发展

　　——北京沃德博创信息科技有限公司

26.数字引领　平台赋能　推进农业社会化服务加快发展

　　——山东省桓台县农业农村局

27.打造全链条、数智化、平台式农业社会化服务新模式

　　——广东省深圳市五谷网络科技有限公司

28.打造全流程数字化平台　提升社会化服务效能

　　——重庆市梁平区人民政府

### 四、构建服务体系

29.创新推进县域农业社会化服务体系建设

　　——江苏省东海县农业农村局

30.打造"农耕保姆"服务站　赋能生产托管提质升级

　　——福建省将乐县农业农村局

31.创新农业社会化服务模式　探索保障粮食安全有效路径

　　——湖北省随县人民政府

32.导入全链条服务要素　助力农业生产提质增效

　　——广东省梅州市志颖农资有限公司

33.构建兽医社会化服务体系　助力畜牧业高质量发展

　　——广西悦牧生物科技有限公司

34.坚持"三聚焦"深化农业社会化服务体系建设

　　——四川天府新区管委会

五、加强行业管理

35.社会化服务助力农业实现"三利三增三减"

——安徽省怀宁县人民政府

36.高质量推动农业生产托管　破解山区"如何种好地"难题

——山西省吕梁市现代农业发展服务中心

37.创新社会化服务机制　引领支撑农业现代化发展

——山东省莱西市农业农村局

38.紧扣"七有"标准提升农业社会化服务项目实施效益

——云南省腾冲市农业农村局

图书在版编目（CIP）数据

全国农业社会化服务典型案例．2023年/农业农村部农村合作经济指导司编．—北京：中国农业出版社，2024.3

ISBN 978-7-109-31842-7

Ⅰ.①全…　Ⅱ.①农…　Ⅲ.①农业社会化服务体系-案例-中国　Ⅳ.①F326.6

中国国家版本馆CIP数据核字（2024）第065236号

**全国农业社会化服务典型案例（2023年）**
QUANGUO NONGYE SHEHUIHUA FUWU DIANXING ANLI（2023 NIAN）

中国农业出版社出版
地址：北京市朝阳区麦子店街18号楼
邮编：100125
责任编辑：刘昊阳　　文字编辑：李海锋
版式设计：王　晨　　责任校对：吴丽婷
印刷：中农印务有限公司
版次：2024年3月第1版
印次：2024年3月北京第1次印刷
发行：新华书店北京发行所
开本：787mm×1092mm　1/16
印张：9.25
字数：130千字
定价：78.00元